Aguja de diversos

Para Orlando L. Pardo Lazo, por su labor ya necesaria en nuestra cultura, suyo,

Jesús J. Barquet
Las Cruces, NM

OTROS POEMARIOS DE JESÚS J. BARQUET
(La Habana, 1953):

Los viajes venturosos / Venturous Journeys
Madrid: Verbum, 2015

JJ/CC
Las Cruces, Nuevo México: La Mirada, 2014

Cuerpos del delirio (Sumario poético 1971-2008)
La Habana: Letras Cubanas, 2010

Sin fecha de extinción
Chihuahua, México: Azar, 2004

Naufragios
(Mención de Honor del Premio
Gastón Baquero, Madrid, 1998)
Chihuahua: Azar, 1998

El libro del desterrado
Chihuahua: U. Autónoma de Chihuahua / Azar, 1994

El libro de los héroes
Santo Domingo: plaquette, 1994

Un no rompido sueño
(Segundo Premio de Poesía Chicana / Latina,
U. de California-Irvine, 1993)
Santo Domingo: Punto Creativo, 1994

Sagradas herejías
Miami: Sibi, 1985

Ícaro
Nueva Orleans: plaquette, 1985

Sin decir el mar
Madrid: Playor, 1981

JESÚS J. BARQUET

Aguja
de diversos

Ediciones La Mirada
Las Cruces, Nuevo México
Estados Unidos de América
2018

© 2018 *Aguja de diversos*, poemas, Jesús J. Barquet

© 2018 Ediciones La Mirada

ISBN-13: 978-0-9911325-6-0

ISBN-10: 0-9911325-6-4

Maquetación digital: Lilliam Moro Núñez

Diseño de cubierta y contracubierta: Jorge L. Porrata, sobre *La danza*, de Matisse

AGRADECIMIENTOS:
*A todos los que acompañaron con sugerencias
la escritura de estos poemas
y a New Mexico State University.*

Todos los derechos reservados.

Ninguna parte de esta publicación puede ser reproducida, almacenada o transmitida por ningún medio sin la autorización escrita de la casa editorial y de los autores titulares del *copyright*.

Made in USA.

ÍNDICE

Reflexiones del autor / 9

LIBRO I: DESLAVES

UMBRAL
   Memoria de *La danza,* de Matisse (Canto 1) / 15
MORADAS
   Sueño / 23
   Paisaje con retrato de fondo, 1959-1980 / 24
   Aguas de tiempo / 26
   Transcripción al vuelo / 28
   Alerta / 29
   Confirmación de estilo calmo / 30
   Havana mon amour (Canto único, 2012) / 32
   Desapercibido / 38
   Marinas / 39
   Ahogados / 40
   Llegan los cronistas del harapo / 42
   Amores de puerto, según Rothko / 43
   Trocadero 162 / 44
   Límites (Realpolitik) / 45
   Árboles / 46
   Casas / 47
   Tesoro / 50
   Estirpes / 51
   Doble regreso / 53
   Regresso / 54
   Regreso (En traducción) / 56
   Certeza, 1 / 58
   Diálogo / 59
   Sin devolución (Salmo) / 60
   Elegía a su nombre / 61
   Indefectible ser / 66
   Tabaquería (Canto 10) / 67
   Eliseo updated / 70
   Momias viajeras / 71
   La Ruta de la Seda (Canto 4) / 72
   Decires / 76
   Revelación en San Juan (Canto 5) / 77
   Escribir / 81
   ¿Y si al morir? / 83

Puntos cardinales / 84
Manos / 86
Fugados (Canto 6) / 87
Nuevas estancias de un peregrino / 93
Nuevas iluminaciones / 95
Réquiem de 26-11-2016 / 100
Último sueño / 101

INTERMEZZO: VIS(ITAC)IONES DE AZTLÁN

PRIMERA VIS(ITAC)IÓN

  Apuntes / 107
  Jardín imprevisible / 108
  Alberca / 111
  Cumpleaños / 112

SEGUNDA VIS(ITAC)IÓN

  Cómplices / 115
  Estaciones / 116
  Reclamo a Orfeo (Canto 8) / 118

TERCERA VIS(ITAC)IÓN

  Asunto de estado / 125
  Cuerpo a la vista / 126
  Los dioses (Canto 9) / 128

LIBRO II: DE REPENTE LA VIDA

UMBRAL

  Breve historia de la humanidad (Guion de cine) / 135

REFUGIOS COTIDIANOS

  Camino / 139
  Calles / 140
  Trenes / 142
  Lluvias / 144
  Instantánea / 146
  Vida / 147
  Palomas / 149
  Palabras / 150
  Fraguas / 152
  Forcejeos / 153
  Noticiero / 154
  Dentro / 155
  Casida de la separación / 156
  Heraldos / 157
  Licor albino / 159

Ícaros a lo Brueghel / 160
Guerra / 161
Certeza, 2 / 162
Evangelio / 163
Mi semejante / 164
Autorretrato / 165
In extremis / 166
Fin de pasaje / 167
Surfistas / 168
Túneles / 169
Hangares / 170
Piedras / 171
Pinguis fecunda terra / 172

ANEXO: CANTOS LIBRES

Justicia a Nueva York (Canto 2) / 175
Retrato del Infante Don Carlos (Canto 3) / 178
Ezrapánicos (Canto 7) / 183
Cerbero en Venecia (Canto 11) / 186

REFLEXIONES DEL AUTOR

*N*UNCA sabemos lo que la poesía —la vida— va concibiendo de modo subrepticio mientras uno está ocupado en asuntos varios o, según John Lennon, "haciendo otros planes". En mi caso, los asuntos fueron —creía yo— muy dispares entre sí.

El primero fue conocer en La Habana a fines de los años sesenta y en los setenta la obra y persona de José Lezama Lima y la estética —esa sí— revolucionaria de los filmes *À bout de souffle*, *Pierrot le fou* y *Made in USA*, de Jean-Luc Godard. (Cintas suyas como *Deux ou trois choses que je sais d'elle* y *La Chinoise* logré verlas tras mi salida de Cuba por el puerto del Mariel en 1980.)

El segundo fue visitar como turista en 1978 y 1979 los países socialistas europeos (la URSS, la RDA, Hungría, Polonia, Checoslovaquia, Bulgaria y Rumanía) con el objetivo inconfeso de ver y experimentar en carne propia —hasta donde mis habilidades lingüísticas y atrevimiento de entonces me lo permitían— el prometido futuro luminoso del comunismo, tal como se suponía que se había logrado en esos países más desarrollados que Cuba. (Huelga decir que el resultado final de ambos viajes fue mi firme decisión de renunciar a dicho porvenir y fugarme por cualquier vía al pasado capitalista que fuera y en cuanto pudiera.)

Ahora comprendo o creo comprender que *Aguja de diversos*, la cual por un tiempo se sintió animada sólo por dos máximas —"la poesía como absoluto de la libertad" (Lezama) y "en poesía se permite todo" (Nicanor Parra)—, es con mayor o menor visibilidad una conjunción y reformulación de los asuntos antes descritos. Me explico a continuación.

Una vez aceptado el principio de total libertad y permisibilidad, fui descubriendo que el poema "Pensamientos en La Habana", de Lezama, buscaba reinscribirse aleatoriamente en el Libro I (*Deslaves*) de esta colección, al punto de llevarme en algún momento —desechado luego— a subtitularlo "Nuevos pensamientos en La Habana".

Otra sorpresa fue verme comenzar todo el volumen con el poema "Memoria de *La danza*, de Matisse", escrito en 1980 tras mi primera visita a Nueva York. Desatendido y traspapelado por más de 25 años, dicho texto recogía mi contrapunto vivencial entre Leningrado (el Museo del Hermitage, en 1978) y Nueva York (el Museo de Arte Moderno, en 1980), y me conectaba por anticipación con *El arca rusa* (2002), de Aleksandr Sokurov, quizás el mejor relevo de Andréi Tarkovski, quien ha sido uno de mis héroes fílmicos desde los años setenta, cuando expresar afición por sus *Solaris* y *Andréi Rubliov* constituía una muestra de diversionismo ideológico dentro del peligroso clima de corrección política de la Isla.

Amante de la obra producida por el director franco-suizo desde 1960 hasta 1967 —igual me interesa la posterior—, percibo que la composición de mi libro (su estructura externa, intertextualidad, polifonía, desenfado y variedad de discursos) remeda la caracterizadora técnica de Godard. O sea, la siguiente agrupación de poemas escritos y reescritos entre 1980 y 2018 se me presenta como un poemario godardiano; y gracias a esa (digamos) revelación, además de satisfacer al cineasta que no llegué a ser, creo que el lector aficionado a Godard podrá hallar aquí una experiencia afín a la de las películas mencionadas. Y con más propiedad que mi ídolo, un buen subtítulo para este volumen sería "Made in USA", si bien unos cuantos versos tuvieron su primera gestación en La Habana de mis varios regresos entre 2008 y 2015.

También me une a Godard la intención de mostrar una leal, aunque conflictiva, continuidad con enriquecedoras construcciones culturales. No era mi deseo imitarlas o reciclarlas, sino facilitarles su reproducción en tanto que agentes transmisores de una herencia que considero irrenunciable. Prioricé la literatura, el cine y la pintura (Brueghel, Velázquez, Rembrandt, Watteau, Delacroix, Matisse, Rothko); y así como la obra de Godard había incluido numerosas citas literarias, yo me vi realizando con dificultad lo contrario en las imágenes y la composición de este volumen, el cual podría heredar, además, un Tablero de Dirección similar al de *Rayuela*, de Julio Cortázar. Mi Tablero comenzaría citándolo: "*a su manera este libro es muchos libros, pero sobre todo es*" tres y un intermezzo deleitoso. El tercero posible, intitulado *Cantos libres*, lo conforman los doce cantos que aparecen en el Anexo y a lo largo del conjunto: su numeración (del 1 al 11 y "Canto único") indica el orden entre ellos. (Valga añadir que una versión anterior de algunos poemas de las secciones "Moradas" y "Refugios cotidianos" fueron parte del libro *JJ/CC* en 2014.)

Concluyendo, me gustaría proponer *Aguja de diversos* —título tomado del poema homónimo de Lezama— como un buró de aduanas en el que se registran y propagan con nombre verdadero o apócrifo —o sin identificarse, como a veces hicieron Jorge Manrique, José Martí y César Vallejo— innúmeros migrantes transhistóricos, o como el carril en que sendos trenes cambian de dirección de repente —mi labor sería, pues, la de un aduanero o guardagujas—; o como un interactivo museo o banco de datos genéticos en cuyos armarios y vitrinas se exhiben y recrean dialogando entre sí modalidades poéticas de diferentes épocas, países, lenguas y autores, y en donde se encuentran, no fortuitos en mí, "Pensamientos en La Habana" y otros textos de Lezama con el discurso cinematográfico del formidable Godard.

LIBRO I

DESLAVES

UMBRAL

ut pictura poesis.
HORACIO

MEMORIA DE *LA DANZA*, DE MATISSE
(CANTO 1)

> *¿Dónde habrá ... en nuestros viajes*
> *nuevos frutos para darnos otros deseos?*
> ANDRÉ GIDE

I. Leningrado, 1978

Si no recuerdo mal, sobre la danza
hay por lo menos dos cuadros de Matisse,
además de varios bocetos y rasguños.
Un cuadro está en el fastuoso Museo del Hermitage
en Leningrado, entre canales, ríos e intrigas
de sucesivas sangres derramadas.
Cuando visité aquel palacio y entré
por aquellas escaleras enormes
en aquel salón dorado que antaño
perteneció a los zares,
no esperaba tal azar, sino los manidos
retratos de familias ilustrísimamente tristes,
sus espadas, sus cetros, sus anillos y miríadas
de cálices y tapices y polvo y aserrín
de *fabergé* plateado y porcelana y otra vez polvo
y hasta risitas o murmullos
        de obsoleta admiración
de alguna koljosiana estalinista en agraz.

Hecho yo de intemperies, incapaz de percibir
más que los monótonos matices del verde
en el barro de mis botas involuntarias si agrícolas,
habituado a un único comedor familiar, a un mero
centro de mesa, a un solitario teléfono
público y policial, yo
sin imperio ni continente detrás, joven aún
e isleño, desprovisto
de ritos y calendarios de arena,
no me acoplaba, no correspondía, nada sabía

de tales escalones, brillos, halagos, excesos...
Sólo contemplaba
lo ajeno: salones,
              más salones;
      corredores, más corredores
            escaleras, más
      escaleras,
que suben   y suben
     y bajan   y bajan y
nos arrojan exhaustos a la vuelta del día.
No esperaba entonces el milagro
del Impresionismo: ese súbito sol
frente a tanto revuelo artificial
y fañosas lentejuelas de circo.
Así, al final de los corredores y salas
      (Recuerdo: rústicas maderas
      y un breve piso superior
      desde el que se divisaba
      por una disidente quebradura
      la fraudulenta histórica plaza,
      tristemente ilustre también),
al final —digo—, más reciente, más
cincelada y vivaz,
      La danza,
          de Matisse,
en su versión (creo) tal vez definitiva.

Valía y vale la pena: los cuerpos
plenos de color, sus juegos, la armonía
de lo informe y agreste en torno a un *tempo*
que embrida mi visión y la pasea
por animados azules y violetas donde todos
—desnudos— y todo
no somos ni es sino el amor cual variopinta
franquicia de la verdad.
Allí ante mí, con saludable
soplo y corrosión, el cimbreo
del ser, del hacer, del osar, del izar una glorieta
de nemorosos magentas de sonido,

libres ya de los antiquísimos nombres, cetros y
trajes procesionales; más allá —y en mí más acá,
por esa mueca de asco que exhibe
el imberbe pudor ante un lago senil—
de las remotas y frías escaleras de mármol.

Era y será *La danza*
imponiendo su ritmo natural, la sencilla
pericia ocular de unas figuras
apenas delineadas sobre un fondo
de rosáceos naranja y cálidos matices:
      un Matisse solo,
         al inscribir su memoria,
emborronaba para siempre la Historia.

      (Vuelvo a recordar: el saloncito
dedicado en exclusiva a *La danza*:
el cuadrante perfecto, el anarquista
kibutz de irrealidad en el centro
de tanta realeza bastarda.
      Lo demás
—añadido, falsario, moscovita—
habían sido tristezas de cruel pompa,
nomenklaturas mendaces, momificados
líderes de mausoleo y un cascarón
arlequinesco que le costó la vida,
la razón o los ojos a su audaz arquitecto.)

Me fui tarde de allí.
Irme era pensar en el regreso pródigo
que desde el kibutz contiguo me mostraban
los robles ancianos del gran Rembrandt.
Mas esos añejos claroscuros,
esas arrugas lúcidas
tendrán en otra ocasión su canto —que no es este—
o su insólita réplica en mi historia demasiado real.
Aquí danza solo Matisse,
         acompañado.

II. Nueva York, 1980

Azul y rojo, los colores
que estaban —y los que no estaban—
en Leningrado, andaban ahora libres
correteando conmigo
por el Museo de Arte Moderno de Nueva York.
Me pierdo en la memoria: me pierdo en el momento
en que asistí a la resurrección
de los mismos danzantes danzando
una danza similar aunque distinta.
Me pierdo en el delirio de su disparidad:
el gentil diapasón de un torso efebo cual bambú
que se hiende a la pulsión de mis ojos,
un aceituno rasgo de obrería
cuya mano en lasciva delectación morosa
se desdibuja y mezcla con los maderos y pieles
de esta ciudad trasudada de mutuas
caricias y eyaculaciones anónimas
que se arraciman cual pátinas —lápidas—
en mingitorios, callejones o parques
de seducción insegura,
unos dedos
de cal —de luces— entre el polvo
de callejuelas y plazas.
            Enhiestos, los danzantes
—mirad lo que nos dicen, oíd cómo nos miran—
crean una orgía musical con los colores
más ruidosos del tacto. Sus formas crujen
y del esfuerzo refulgen vidriosos,
pero no para quebrarse ni encenizarse
sino para parir, Deíparos,
un profundo azul encarnado
desde un insólito verde
            reverdecido.

Con óleo quisiera —quería yo— sucederme
en sus espacios sin tiempo. Con mis manos,
acariciar los límites del pincel

que violaron sus brazos en el abrazo.
Con mi sueño índice avanzar
por el cero plegadizo y oscuro
en que se envainan, uno en el otro, los cuerpos.
Rasgarles quería el sudor del amor
y que quedasen francos los poros al recibir
mi urticante laboriosidad, mi burilada
lubricación. Escucharles quería el gozoso
quejido de me duele y placer, de tortura
y prisión que nos libera, de posesión
por total desposesión. Quería
escanciar ese enlace redentor
en mis cuencas vitales, desmontarlo
de allí y llevármelo a un recinto
sereno donde apurar, sin prisa, cada trazo,
cada trozo, cada tono de él;
donde pudiera finalmente descansar.

Mas eran firmes sus clavos, incorruptible
la madera,
de paño grueso el lienzo, altísima
para mí la cruz que desde allí negaba
su pertenencia a este mundo,
a esta residencia baldía.
Y mal que me pesara, no me rendí
sino que me rehíce y descifré
cada salpicadura y brochazo
sobre las acrósticas siluetas del cuadro: confiaba
en llegar a ser uno con él,
                al menos mientras tanto.
Y en espera de tales absoluciones,
recibía los insultos como si fueran elogios
y miraba sin el menor sobresalto
los desoladores noticieros de televisión.
A fin de cuentas, yo no vivía ya en la Isla
de verdeolivos zares —no más canales,
puñales ni aguas albañales—,
sino que estaba en Nueva York contemplando
la otra versión de *La danza*, de Matisse,

percibiendo el otro matiz de la danza
de Matisse, este ruedo
en que andamos todavía inconclusos
a media escalera sin retorno, en ascenso
por dentro de una envejecida
aunque siempre maquillándose Estatua
de la Libertad.

      Ah, mi querido Emanuel,
¿recuerdas cuando nos asomamos
por el mirador de su corona para leer la tablilla
que llevaba (y lleva) en la mano?
¿Recuerdas cómo la sombra de la corona
caía funesta sobre la tablilla?
¿Recuerdas mis frustrados intentos
por leer la palabra Libertad,
que la sombra borraba?
¿Recuerdas acaso algo, mi querido Emanuel?
Yo ya he olvidado todo,
      todo excepto *La danza,*
            el matiz.

MORADAS

Diríase que las moradas (magani)
han desaparecido
y se han tornado conceptos (ma'ani).
IBN HAZM

Es más difícil regresar que irse.
Empiezo a saberlo.
JORGE ORTEGA

SUEÑO

Es una casa.
La rodea, la aísla
un alto muro de concreto.
Entre ella y el muro hay un pasillo
estrecho y peligroso
que en el sueño de anoche
apareció inundado
no por un diluvio reciente
sino por un agua inmóvil, pastosa,
cubierta de hojas secas e insectos putrefactos.

Y no sé cómo
de repente me vi nadando en esas aguas,
bojeando asqueado
sin luz ni aire
aquella casa
        que olvidé
decir que fue la de mi infancia.

PAISAJE CON RETRATO DE FONDO, 1959-1980

Prematura vejez asumiendo
una falsa inocencia y ocultando su espanto.

Mi infancia fue aquella ciudad
que de tanto querer declararse madura
nos envejeció de cuajo.
Fue su diario tributo hacerme conocer
de niño,
en los alfabetizadores años sesenta,
no cuentos de hadas o de reyes
básicos y no básicos,
sino los paredones y el miedo, la delación,
los privilegios de casta, los trabajos forzados
para poder emigrar, la injusticia
hablando de justicia, el repetido
discurso y la oportuna
doblez de los que aupaba el nuevo régimen
—como vi después que le decían los sabios
campesinos del Escambray.[1]

    (Hasta dos o tres incómodas postalitas
expulsas de un álbum infantil de la Revolución
me instruyeron pronto en la censura, las cárceles
y el ostracismo de Estado.)

    Poco más tarde,
adolescencia y juventud sólo aportaron
sus adultas variantes a estos temas:
fue la escuela —con raras excepciones—
una *makarenka* sucesión pedagógica
de prejuicios y agravios oficiales
"que recordar no quiero".

---

[1] Hubo leyes mejores, que poco justifican: / Reforma Agraria, Urbana, Salud y Educación..., / pero de ellas muchos sólo conocen / —y conformes aceptan— la versión estatal.

Como remate entonces
nuestro 68 y los setenta —obvias
confirmaciones cada vez que veíamos
El fascismo corriente, de Mijail Romm:
apoyo a los tanques soviéticos en Praga,
Diversionismo Ideológico,
Combatividad y Ofensiva Revolucionarias,
megalomanía a galope desbocado, planes
destructores de azúcar, arroz, leche, café…,
obligatorios trabajos voluntarios y campañas
militares en África (nuestras vidas —lo único
      de valor que poseemos— no cuentan),
Caso Padilla en la UNEAC, Primer Congreso
Nacional dizque de Educación y Cultura,
cientos de estudiantes, profesores y artistas
marginados, de conductas y libros perseguidos,
y Vicente Revuelta revolviéndolo todo
con el *Galileo* de Brecht,
fueron al buen entendedor claves fehacientes
del reinante Destino Manifiesto.

Y de repente —gritos
de que se vayan, batidas de repudio
callejeras, palos, piedras, perros de caza
y esbirros de civil o de uniforme—,
bajo insultos y diatribas por decreto,
      dejé atrás la ciudad
para tratar de conocer al fin en otras tierras
no importa si tardía o póstumamente
eso que insisten en llamar
la inocencia.

                                            (Cita de Antonio Machado)

AGUAS DE TIEMPO

Me fui entre el agua,
volví en el viento:
mi llama busca
para nutrirse
tierra o sustento.

Sí, son aquellas
aguas de fuego
las que arrastraron
en su resaca
mis elementos.

Las mismas aguas
que ahora contemplo
desde lo alto
de la aeronave
irme en reverso.

Aguas en fuga,
aguas de tiempo,
que insisten sabias
con sus oleajes
llevarme dentro.

Las veo abajo
yendo y viniendo
de costa a costa
cual remolinos:
buscan mi centro.

Y yo aquí arriba
siempre sediento
las voy dejando
que así me arrastren:
no me arrepiento.

Me fui entre el agua,
volví en el viento:
mi llama busca
para extinguirse
tierra o sustento.

TRANSCRIPCIÓN AL VUELO

(APLAUSOS), al llegar a La Habana.
(APLAUSOS), al llegar a Miami.
En ningún caso se registró (OVACIÓN)
y sí a veces un (SILENCIO PROLONGADO)
muy inusual entre mis connacionales
y más ruidoso
que el chirrido de cien ocas.

(2011)

ALERTA

No te reconocerán ni los perros.

Ladró hasta comprender
que no era yo un extraño,
que las puertas, los árboles,
las calles
me recordaban
aun sin estar al tanto
de mi regreso.

Mudos en su fijeza,
me intuían quizás,
        pero el sabio
cachorrillo ladró esa profunda vez
y para todos fue como un alerta.

CONFIRMACIÓN DE ESTILO CALMO

Esta es también mi ciudad: nada en ella,
a su pesar, me es ajeno.
El acné de sus calles, los sombríos caserones,
las dóricas columnas, los soleados
portales y azoteas que se ensanchan indolentes,
el vaho sempiterno y bullicioso, el demencial
aguacero o la llovizna
que enrarece sus plazas y sus parques, la escasez
de lo que se derrocha en otras urbes
y el calor y el sudor y
      aquel mar
      apuntalado
    allá al final de 23
pretendiendo volver a bautizarme
en no sé cuál suya religión o recóndita
descreencia…, todo eso
        y más
      de mi Habana
resultan ya sólo estas pieles
desolladas e ineptas de mí mismo,
pero yo
igual soy para ella
—aunque muchos prefieran ignorarlo—
uno de sus mayores desgajamientos, deslaves.

Porque incluso a mi pesar es esta
      mi ciudad,
no obstante el genesíaco ofertorio
de intrusas extranjeras;
y lo sabemos ella y yo sin decírnoslo,
acallando cualquier insomnio o mutuo
resentimiento y recelo,
para en silencio, cómplices
—a cada paso mío sobre ella, a cada
  nieve suya sobre mí, como zurciendo
  con aguja de hebras reminiscentes

    un posible velamen—,
confirmarnos el uno con el otro
sin padrinos ni obispos de caridad,
y mucho menos aún
vetustos o futuros
recargos de conciencia.

(La Habana, 2015)

HAVANA MON AMOUR
(CANTO ÚNICO, 2012)

Aún es la hora del anatema y la blasfemia:
la tierra bajo vendas, la fuente sellada.
SAINT-JOHN PERSE

No puedes hacerlo, me dicen,
y se relamen de gusto
como anacrónicas meseras del Trastévere
que aguardan a la chusma de su circo romano.
No debes, argumentan (o tratan)
con cláusulas infusas y manuales
de antaño, con leyes (parámetros)
que citan (resucitan)
con enérgico empeño travestido
      —uno de ellos, en particular más obeso
(su abuelita diría robusto)
o chirriante que el resto,
destaza sus orzuelos, exhibe sus legañas
menos veleidosas, blasfema, anatemiza;
      y no debes, insisten,
¿no ves acaso que tales acarreos
son mañas del Maligno, abismos
del Averno, pantanos de una mente
que pule para robar esplendor?
—como si yo me hubiera amanecido ayer
e ingenuo anduviese tan omiso como ellos.

No aceptamos, no creemos, me dicen mientras creen
que se las saben todas, pero olvidan (no saben)
que yo también vi las cárceles la represión los sabuesos
a punto de morderme, el hierro de la voz
hundiéndose en mi carne, y en las calles
las alfabetas víctimas hambreadas y sonrientes
porque llegaron al fin las guaguas de la China comunista
y con eso el transporte ha mejorado un poco,

y el diario que a diario (un pan, la leche en polvo, una
tacita ensombrecida de café, un algo hecho de nada)
se va resolviendo y sí, Jesús, no es fácil.
      No saben (y no debieran desconocerlo)
que yo además vi y conocí allá, de cerca,
la vida,
      que sigue
a pesar de las carencias / el duelo,
      que sigue
a pesar de las paces pasajeras / el amor
(de una hermana un amigo una vecina), que sigue
a pesar de la distancia y la delación, pues allí fue
una vez (o sigue siendo) mi vida,
y después he estado *"quatre fois au musée*
      à Hiroshima"
(o tres en realidad, en 2011 fue la tercera)
y ciertas cosas no vi (el cáliz la espada la piedra la llave
la lanza que enristra nuestra tierra baldía),
mas pregunté por ellas y hallé entre mis enseres
vestigio de sus ruinas.
      Otras (igual de urgentes) cosas
hay allá que bien me sé aunque sin verlas,
ya que es mi deber o una deuda personal
saber de los disidentes las balsas los botes (incluso yo
vine en uno) las intrépidas damas de la Quinta Avenida
el exilio o la diáspora cual patria que no cesa,
y el rijoso galimatías
que hace décadas no es acto ni razón de ser.

Hoy, todos estos decires —útiles sólo al iluso,
      al voluntario ciego—
no abren rendija alguna en los recintos
      medio siglo tapiados.
Hoy, nuevas validaciones enigmas
prioridades amenazas asuntos
a resolver hay en las casas sin remesas ni luz,
      en las mancas
reuniones de familia un sábado por la tarde,
      en los verdes

latones de basura en este instante
       hay
        buzos
y malogradas colillas o rasgados siempre cordones
de futuros zapatos y un fondito
de alcohol imperceptible
que podría ser un día *La Chispa* (Искра), la llama,
   y de repente…
un formidable festival de cine latinoamericano
una visita del Papa un pregonero
que por cuenta propia regresa de lo hondo
de una antigua costumbre
y nos reinventa la palabra ¡Cebooollaaa!: pelar
capa tras capa la espera, la espera atonal,
daltónica tal vez.
      Y el paso raudo
 —paran cuando les sale…—
de un autobús por La Rampa
es como un canto de Ezra Pound
con caracteres chinos y voces
en francés italiano inglés o el español
macarrónico de un *patronizing* turista,
pues es así de políglota el bullanguero
silencio de mi ciudad:
      MI
      CIUDAD,
que ha oído hablado estudiado
traducido y creído tantas
versiones de Lo Mismo, polígrafa
cansada de tener que escarbar como un buzo
en la escoria conversa del lenguaje
y erige su mutismo
como un quebrantahuesos frente el mar.
Hoy
quizás el mejor decir sean los actos
imprevisibles de aquí y de allá.
Hoy, ninguna frase en blanco y negro podría
lo que un fraterno abrazo o gesto lograse
al sin herir sumirse en el cuerpo del otro,

como perdonándolo o pidiéndole que nos perdone.

Pero siguen diciendo los discos
rayados de Los Mismos
que no puedes / no
debes / no
aceptamos / no
creemos / *"tu n'as rien vu
à Hiroshima"* —las enfermizas consignas
rotándose y resucitando espejos que abandonamos
cuando quisieron reflejarnos a la fuerza
y que se han vuelto un eco, un reverso
ahíto de repetirse sin necesidad en exilio:
de atravesar más y más corredores salones galerías
    de una agonizante mansión atiborrada de muebles
        desnutridos si obesos.

Hoy, no le queda a mi canto sino apelar, sin tapujos,
a los próximos actos nacientes.
Si virulento el pasado vive presente en lo futuro
y ambos pudieran, no obstante, prohijar
un entrevisto jardín todo lleno
"de murmullos, de perfumes y de músicas de alas",
depende, entonces, de nosotros anunciarlo y cuidarlo
    de prisa, de prisa,
para cegar en añicos ese pálido azogue
que anacrónico pretende sobrevivirnos:
    ¡Actos, no palabras,
como espadas que debemos
desenterrar de las piedras! / Lanzas,
que enhebren. / Cálices,
que no convoquen a sacrificio
sino a comunión. / Llaves,
que abran por fin todas las puertas
selladas hace ya medio siglo. /
No más discursos, sino deíparas
ijadas de las que surja
suficientemente fértil la tierra
de los patios baldíos.

Entretanto, algo —"¿qué
le queda aquí por hacer al poeta?"—
habrá que crear desde el lenguaje
para cuando caigan al fin los parentescos barrotes
y la marea baje sin peligro de volver a inundarnos,
para cuando renuncien a sus vendas
censores y ojerizas
y liberados los hombres puedan como Fronesis
pasearse Obispo abajo hacia el mar con sus mujeres
un domingo como hoy, investido por ambos
de valiente blancura.

Todo esto y más
me lo he pensado yo muchas veces y mucho
—no otro afán han tenido mis largas
temporadas *à Marienbad*— y no deseo
que el país se nos vuelva de nuevo una Babel:
      "*j'ai tout vu*" y no quisiera
sino abrazar a mis gentes, que igual
lo han visto todo y a nosotros quisieran abrazarse
aun sin entendernos ni decirnos nada;
    ahora sé
que unirnos en el abrazo es en sí
    EL ACTO
que podría inaugurar un cimiento desde el cual
impedir el derrumbe
  (de nuevo o nunca más),
la dispersión el terror humanista
  (de nuevo o nunca más),
"*la chair brûlée, brisée, devenue vulnérable*"
  (de nuevo o nunca más).
     HOY
nos hace falta (y mucha)
arcilla de construcción, claves unánimes,
jaujas talladas por diversa imaginación,
y acaso perdonar, tras enjuiciar (¡eso sí!)
con estrenada justicia mayor
a los primeros o máximos culpables,
        porque sabemos

que la tierra y la carne cual fatigadas
novias esperan,
y nosotros —o yo—
          andando todavía
sin lazarillo y a oscuras por la casa
esta noche de invierno que se aturde
ante cualquier descosido,
mientras se acaba el tiempo de vivir y son casi
las dos de la madrugada aquí en New Mexico, allá
deben de ser tres o cuatro horas más, he perdido
la cuenta, pero no la esperanza; y aunque es tarde,
sé que ya es hora y ese condenado de Blumfeld
que no viene a recoger su perro
a pesar de que le dije muy claro
que no podía cuidárselo pasada la medianoche.
      (Plantando lo dejé
         no sé qué en su jardín
         y ahora quién sabe qué
            está desenterrando.)
Damn Blumfeld, otra vez haciendo de las suyas
y no tengo modo de impedírselo:
            las 2 AM y yo con este
rabioso amigo del hombre recordándome
—con sus uñas clavadas en mis firmes deberes—
que es difícil hallar algo inédito bajo el sol,
salvo la piel las nalguitas los cachetes
sedosos (bien lisitos)
de un posible, por desconocido aún,
infante nonato.

REFERENCIAS: "de murmullos, de perfumes y de músicas de alas" (José Asunción Silva); "¿qué le queda aquí por hacer al poeta?" (Lord Byron, traducción de Heberto Padilla) o "What else is there? And to do?" (William Carlos Williams); *El terror humanista* (Jacobo Machover); "gobernaré / sereno, con cuidado y justicia mayor" (Antón Arrufat); "Blumfeld, un solterón" (Franz Kafka); y ecos fílmicos de *Hiroshima mon amour* (Marguerite Duras y Alain Resnais), *L'année dernière à Marienbad* (Resnais y Alain Robbe-Grillet) y *H Story* (Nobuhiro Suwa).

DESAPERCIBIDO

A splash quite unnoticed.
WILLIAM CARLOS WILLIAMS

Sé que en alguna ciudad donde he vivido
no debe estar mi historia.
Ni una denuncia o ficha, ni un informe
firmado quizás por un pariente
hay en ese lugar que no se molestó
en notar mi presencia:
      allí viví sin ser visto,
      hablé sin ser escuchado,
      amé sin ser reconocido,
mientras que la ciudad existió y aún existe
y, ¡qué bien
que así haya sido y sea!

MARINAS

A. Maleconazo

De día, un azul marino
iridiscente.
De noche, un hoyo negro.

B. Los 41

(siguiendo a Pound)

No describiré aquí el reciente
brutal hundimiento
del remolcador *Trece de Marzo*.

31 sobrevivieron para contar
—mucho mejor que yo—
su historia.

41 yacen hoy irredentos
y profundamente mudos
a varios kilómetros al norte
de La Habana.

Desde el miope bullicio
local y forastero del Malecón,
quien lo desee puede verlos aún
en el fondo del mar.

(julio-octubre de 1994)

AHOGADOS

> *Ella no conocerá a los hermosos*
> *ahogados sosteniendo*
> *la plataforma marina de la isla.*
> TERESA MELO

Como cubano de hoy, me resulta difícil
hablar con candidez de los ahogados.
Imposible olvidar que esos hermosos
ahogados nuestros que emergen
para avisarnos del reino submarino
en que irredentos dormitan,
fueron alguna vez en un barrio habanero
—o de San Antonio a Maisí—
el hijo de una maestra, la nieta
de un periodista, el sobrino
de un iluso que quería reparar
lo irreparable, las primas
de un albañil que hace ya décadas
dejó de construir lo que al fin sabe
que jamás será de él
y mucho menos del pueblo en libertad,
aunque le sigan diciendo lo contrario.

En nada hermosos
—obvias razones me impiden melificar—,
esos ahogados que ascienden
con retazos de ramas inaudibles
y tapices de algas curtidas por las sales
que rodean la Isla, esos
rostros centrífugos de la desesperación
con que arribaron al fondo de las aguas,
no constituyen un fruto natural del país
ni de los cantos de sirenas del Norte,
sino una vergonzosa secuela del arcaico
y todavía trauma nacional.

Y contrariados,
nos quieren advertir que no sostienen
ningún andamiaje insular,
sino que sus náufragos dientes, uñas y huesos
—cautivos de la escasa conciencia ciudadana
y la impunidad del Estado—,
son la propia plataforma marina,
la mancha en el también difícil sol
de nuestro mundo moral.

Quizás los que una vez
sobrevivimos al mar
regresemos un día, pero ellos
"nunca más, nunca más…"

(2016. Cita de Edgar Allan Poe)

LLEGAN LOS CRONISTAS DEL HARAPO

> *L'étranger nous demande le garçon*
> *maudit. ... My soul is not in an ashtray.*
> JOSÉ LEZAMA LIMA

Y había como una cortina
de luz artificial o un mito
que ocultaba la Isla a los extranjeros.

Y los visitantes, aun sin verla, creían ver
lo que creyeron que daba un sentido
superior a sus vidas.

Y reverberantes de fe por la visitación,
abordaban muy tristes los aviones de vuelta
a sus desleídas realidades en sí.

Y en Nueva York, París, Xalapa y Córdoba
—no en Gdansk ni Praga ni Budapest—,
"desde un mantel importado" y uno y otro
cigarrillo y café expreso, todavía se la pasan
haciendo del viaje una irreal-maravillosa
relación a sus pares...

                Entretanto en la Isla,
para el sabichoso y dialéctico ciudadano de-a-pie,
tal metafísica pandemia de los años sesenta
significa al menos, cada mes, unos fáciles
dólares extra en el mercado de *fulas*.

Y por todo Trocadero anda el infeliz repitiendo:
"Los abalorios que nos han regalado
han fortalecido nuestra propia miseria."

Y desde su ventanal en el número 162,
lo ve pasar Lezama y en español rectifica:
Nuestra alma no está en sus ceniceros.

(Citas de Silvio Rodríguez y Lezama)

AMORES DE PUERTO, SEGÚN ROTHKO

Y quieren también vernos desnudos.
JOSÉ LEZAMA LIMA

La mericana te buca.
NICOLÁS GUILLÉN

Una luciérnaga lúcida, una vaga
lasciva luz que divaga
y despliega noctívaga
      sus alas
para deambular bajo el plectro
lunar.

Un murciélago de ágata, un mayúsculo
      Polifemo
de calzón escarlata
que trasnochado cual lúbrico
espolón va olisqueando
la galateica lumbre
espectral.

Herrumbroso y errante, un
      nocherniego
chisporroteo chirriante
—proparoxítono negro sobre blanca
o su viceversa abstracto—,
cual burilado y noctámbulo
diferencial.

Líquida aunque vocálica
      sacudidura
que entre los dedos se engruda
si no se vierte en la oscura
y volcánica moldura
de la noche en adánica
pleamar.

TROCADERO 162

para Virgilio, de nuevo allí, 2014

Hoy es museo
tu casa,
antes fragua y refugio
de la nación secreta.

Ordenados
al fin
están los libros y muebles
de tu naufragio, la alcoba
de tu infancia,
la cocina que a oscuras ofrecía
el mejor té de La Habana:
     todo
lo que una vez fue un desorden
entrevisto, un órfico misterio
del que emergías a la sala
entre sonrisa y sofoco
a consumar tu cita con la espera…

Y avanzo
    de cuarto en cuarto
        a viva luz hasta al fondo,
fisgoneo en tus cosas,
en los arcanos óleos de las paredes,
    y encuentro
menos de ti que cuando
—fijo en la espera—
no requería traspasar el suficiente
espacio que en la sala
inaugurabas con tu risa
insólita de Orfeo que se sabe triunfante.

Museo es hoy
tu casa.
Mi guía es el recuerdo.

LÍMITES
(REALPOLITIK)

Cada vez
una gota
     más,
hasta que se retire
o se desborde
     el vaso.

ÁRBOLES

Mirando cómo creció este árbol.
HEBERTO PADILLA

Presa fácil de ciclones esos árboles
que no se arriesgan a dialogar con el viento
cuando es aún caricia y no flagelo arrollador...

     (Árboles hay que nunca
he visto ni inclinarse levemente
al más cadencioso ulular de los vientos,
y que acaban un día
     de raíz arrancados de la tierra
por cualquier incrédulo huracán.

Creídos de su trazo vertical contra el Tiempo,
del perímetro inválido en que se creen que crecen,
olvidan que también los hemos visto así: tirados
     en las calles,
entorpeciendo el paso y la mirada
hasta obligarnos a quitarlos
     sin piedad del camino.)

Los veo y reflexiono
en tanto que me tiendo
cuan largo soy sobre la hierba
que sólo en apariencia
endeble a mí se pliega sin quebrarse.

Árboles centenarios hay que nunca...

CASAS

para Ofelia y Eduardo

1

Ya no hay casa posible.
Si alguna vez hubo una
referencial y primera,
terminó siendo ruina y no aguarda regresos,
ni huéspedes de paso todavía confusos
que lleguen tardos a escudriñarle el polvo
y no dejarla concluir en niebla
regañona, espesa, inhabitable.

Esa que se creyó
centro de mesa, horcón, un hormigueo
de voces y pisadas contra el tiempo y la Historia,
se cansó de esperar y ahora no es nadie, nada, ni
sombra de lo que fue
o entonces pudo haber sido.

Expulsados, molestos, inconformes,
uno a uno la fuimos abandonando
sin rubor ni techo adonde ir, en una errancia
mayor que aún no acaba
aunque se nos esté agotando la cuota
debida.

2

Hoy,
ajena al ruido, asegurada
en cada rama y columna, llena de luz,
a salvaguarda de todo zigzagueo,
en otra lengua,
esta *sweet home* en la que vivo
podría sustituir —según muchos—

a la que el tiempo y la Historia
finalmente vencieron, podría
incluso
asemejarse a la del sueño,
pues con nobleza me acoge, abre
sus cortinas al sol y a mis costumbres,
invita a los amigos y me dice confiada: Esta
es
  tu casa.
      Sí, el fruto
—le respondo yo—
de lo que no fue.

Y aunque entienda
que aquel hogar que soñábamos
no es más que el sitio real en donde vivo,
bien sé que, en realidad
—roto y disperso el centro de mesa—,
no ya alguien,
ni siquiera esta casa
hoy
me espera.

        3

Así en el sueño la vi
por vez primera hace años convidarme
a sus recintos más breves,
protegerme del frío y las costumbres
ajenas, dejarme ser a voluntad
entre sus cuatro paredes, escudo
serme gentil a toda lluvia o nevada.

Segura de sí misma, noche a noche,
esa casa
extraña aunque habitable
regresa y me regala inédito un motivo
o me roba una hebra, un alfiler
agazapado en la memoria.

En cada sueño la veo
solícita pasearse
por sus propios confines,
victoriosa aferrarse
a un rincón, una almohada, un calor
que se sabe ya necesario.

Y a su sombra serena y fiel me veo
poco a poco habitándola,
cerca y lejos del mundo, ella y yo solos, uno,
como viajeros cómplices de otra tarda decisión:
esa morada en el sueño
es la casa real en donde vivo.

TESORO

Cosas hay
que permanecen, se callan y se guardan
como un tesoro de horrores subterráneos
que nadie ve y uno entierra
          y desentierra
          de la memoria
          una vez y otra vez,
porque la antojadiza lluvia, sin consultarnos,
le va arrojando encima el lodo suficiente
con que hemos preferido a duras penas
sobrevivir.

ESTIRPES

Vete, que la espada no es más que
un peso hasta que deja la vaina.
IBN HAZM

No soy de esos que pueden
asegurar con cuestionable
o resignado orgullo: Aquí nací
y pasé toda mi infancia y juventud,
y los años que luego trajo la vida
en su carrera.

No soy de los que pueden
declarar a cuatro vientos
que al árbol de la esquina
lo vi crecer más rápido que yo,
que al vecino de enfrente
lo vi entrar y salir de su casa
cada mañana, o que a mi madre
la vi morir aquí donde ocurriera
la familia.

Soy de otra estirpe ya no tan ajena:
nací allá, raíces me brotaron después
en vientos bravos, Amor
trastabilló conmigo en ciudades
que a veces ni recuerdo.
Árboles hubo, sí, pero pasaron aprisa
por bulevares y plazas con nombres
de efemérides y héroes advenedizos;
también yo fui tronco errante
a cuyas ramas, en ocasiones,
acudieron parientes
que hoy sólo son de oídas —desleídas
ausencias que a diario nunca atestigüé.

No, yo no soy de esos
de aquí mismo nací y viví, y la Muerte

sin mayores esfuerzos sabe
que podrá recogerme.
    De otra estirpe soy,
mas de igual modo la Terca Guadaña acertará
doquiera que me esconda o inédito me arroje
una vez más
    la Vida.

DOBLE REGRESO

> *Aléjase volviendo*
> *mas regresa alejándose.*
> ADRIÁN DESIDERATO

Después de 35 años de exilio,
escribo "regreso" sin saber a ciencia cierta
a qué destino en mis traslados
entre la Tierra Firme y la Isla me refiero.
¿Acaso no soy yo mismo un viaje
de dos regresos, sin ida?

REGRESSO

> *Então achou o jazigo que queria,*
> *Achei, respondeu Ricardo Reis.*
> JOSÉ SARAMAGO

I

Dizem que não voltou quando chamado
e sim quando sentiu que precisava
reencontrar seu Criador.
Dizem
     que andava pelas ruas de Lisboa
procurando seus avisos, seus rastros atrozes
nas praças e becos
daquela cidade antes cúmplice
e agora diferente
sem ser por isso inteiramente outra.

Morreu o Criador, anunciaram
os jornais da manhã
enquanto desembarcava anônimo no Tejo
sob a chuva.
Mais uma vez,
tenta perambular
pela antiga cidade, alheia já do Mestre
que expulsou os que criara
e que então morria
sem providenciar seus regressos.

No vazio das calçadas e vielas
vê Ricardo Reis lampejar
sem lembrança nem culpa
uma sábia orfandade...
Ou será tudo aquilo apenas um surto
no seu olhar?

Mas nosso herói é feliz: rei de si próprio, é feliz,
embora saiba que esse pródigo regresso de hoje
é só um projeto —mais um— impossível.

II

Não chegou com as costumeiras malas
nem pó nas sandálias do mundo
que lhe obrigaram percorrer.
Com ele três odes
a uns *"deuses descuidosos"*
que ninguém lá conhecia, escritas
após abandonar sua terra:
    "Quer pouco: terás tudo.
    Quer nada: serás livre."

Trazia nos bolsos das calças suas odes
como chaves, oferendas, simples
trocados para deixar ao pé de uma ceiba
que imaginava imutável sem nunca tê-la visto.

Restava-lhe ainda uma dívida:
beijaria o jazigo da mãe cuja morte
não lhe foi permitido acompanhar
e de novo,
        num navio qualquer,
sumiria dali, mesmo contra sua vontade,
mas com o suave desassossego de ser, afinal,
completamente livre, outros.

(2007. Citações de Ricardo Reis)

REGRESO
(EN TRADUCCIÓN)

Halló entonces la tumba que quería,
Sí, la hallé, respondió Ricardo Reis.
JOSÉ SARAMAGO

I

Dicen que no regresó cuando lo llamaron
sino cuando sintió que necesitaba
reencontrar a su Creador.
Dicen
    que andaba por las calles de Lisboa
queriendo hallar sus avisos,
sus rastros atroces
en los callejones y parques
de una ciudad antes cómplice
y ahora diferente
sin ser por ello enteramente otra.

Murió el Creador, anunciaban
los periódicos de la mañana
mientras él desembarcaba anónimo
bajo la lluvia, por el Tajo.
Una vez más,
intenta deambular
por su antigua ciudad, ajena ya al Maestro
que expulsó a los que creara
y que entonces moría
sin providenciar sus regresos.

En el vacío de callejuelas y plazas
ve Ricardo Reis irradiar
sin memoria ni culpa
una sabia orfandad...
¿O será todo aquello
apenas un revuelo de su mirar?

Pero nuestro héroe es feliz:
rey de sí mismo, es feliz,
aunque sepa que este pródigo regreso de hoy
es sólo un proyecto —uno más— imposible.

II

No llegó con el acostumbrado equipaje
ni polvo en las sandalias del mundo
que fue obligado a recorrer.
Con él tres odas
a unos *"dioses negligentes"*
que nadie allá conocía, escritas
después de abandonar su terruño:
    "Quiere poco: tendrás todo.
    Nada quieras: serás libre."

Llevaba en los bolsillos sus odas
como llaves, ofrendas, simples
monedas para dejar al pie de una ceiba
que imaginaba inmutable sin nunca haberla visto.

Le quedaba aún una deuda por saldar:
besaría la tumba de la madre a cuya muerte
no le permitieron acudir
y de nuevo,
    en un barco cualquiera,
partiría de allí, incluso contra su voluntad,
mas con el suave desasosiego de ser, al fin,
completamente libre, otros.

(2007. Citas de Ricardo Reis)

CERTEZA, 1

Aquí es la vida.
La muerte es más allá.
Los tres somos la luz.

(eco)

No hay luz, pero distingo
con claridad
vivísima la muerte.

DIÁLOGO

para María de Jesús, 1985

Madre, donde estés, sé que me escuchas:
te digo que aquí estoy y que te escucho.

O adonde fueres después, si acaso hubiera
un después más allá de donde estés,
sabe que siempre estaré allí donde estuvieres.

Y si nunca hubo un después y ya no eres
o no existes más allá de mí que estoy aquí,
sé que igualmente me escuchas, y yo a ti.

SIN DEVOLUCIÓN
(SALMO)

(siguiendo a Adrián Desiderato)

49.17. Como preguntas, Adrián, si *"hay alguna
palabra que devuelva la vida"*,
te respondo que no, pero al final tampoco
la vida nos devolverá las palabras
que con tanto afán le consagramos.

18. Nada: nos llevaremos nada...

ELEGÍA A SU NOMBRE

para Manolo, 2008

Este delirio que se llama vida.
JOSÉ MARÍA HEREDIA

(La muerte, esa palabra
que sucede en los crepúsculos
pero también al alba,
cuando descansan los teléfonos.)

¿Dónde estás?, me pregunto
sabiendo que no tendré respuesta
y, no obstante, vuelvo a preguntármelo.
Me adentro en mí y allí te encuentro
acurrucado como una devoción
que supo y quisiera de nuevo florecer.
      Me adentro
porque sé que me estás aguardando,
que sobrevives cautivo entre mis ojos
y que sin piedad el pasado nos asecha todavía.

Sabíamos que jamás íbamos a hallar
un amor como el nuestro,
que separarnos significaba volver
a una ronda infecunda.
En mucho más de lo que imaginaste
decidiste quien soy,
lo que espero del amor y del sexo
      —ahora sé que nadie
ha sabido dármelos
como tú me los dabas
y hacías que yo te los diera:
      amor superior al tuyo
sólo en dioses remotos cuyos nombres ignoro
y con los que tú a diario compartías.
      Eras un fuego

que derramabas
sobre mí con tu antorcha
mejor, envidia eras incluso
de varios Prometeos
y un incendio en el mar
        siendo tú y yo
        siendo ese gesto
infantil y ácrata de amarnos: eras
(lo digo sin metáforas)
el gran amor de mi vida; y yo,
el gran amor de la tuya.

        (La muerte, esa palabra
que nos sorprende al alba,
cuando atendemos entre sueños aún
a los teléfonos.)

Revolcarse en la arena al caer la tarde,
temiendo ser vistos y sin embargo continuar
revolcándonos y abrazados resistir a las olas:
rompiente nos hicimos ante las inclemencias,
piedra de choque, roca de delirio contra la espuma.
Cómo puedo desde tanto olvido rescatar hoy
nuestra primera cita
—cita formal, quiero decir,
ya que el día anterior
nos lo habíamos pasado juntos en la playa
anónimos e ingenuos toqueteando y besándonos
en medio de desconocidos y apuestas para ver
quién aguantaba más tiempo bajo el agua
descifrando y recorriendo con la lengua
el miembro o el salitre del otro,
y fieles signos de agua tú y yo no quisimos
salir a la superficie:
sin temores venéreos seguíamos
desafiando a las olas, unísonos
en empalme perfecto nuestros brazos
y piernas y torso y labios y risa
        y fiereza.

Esperarte,
verte llegar todo de blanco, impoluto, el pantalón
ajustado con promiscua habilidad
como para que mi alma entendiese
que hallaría en tu cuerpo el amor cual abrupta
luz nocturna, bronceada y sonriente.
Y nos sentamos a conversar
sin ensayo ni guion ni preguntas al uso
pues
clave de astros había en nuestro encuentro
pero no lo sabíamos, aunque
tal vez en la entrepierna lo presentimos
en un banco de G aquel verano
en que Lezama fallecía.

Fuimos después once años,
como once jardines fosforescentes,
en que crecieron celos y hoteles y exilios y viajes
de La Habana al interior (de caballo a tractor
a carreta de bueyes, o de tren a autobús
y finalmente a la lancha del Mariel que atajó
las impuestas distancias y terrores) y
reconciliación y ruptura y sándwiches
sacados a hurtadillas en épocas de carencias y sexo
—mucho sexo monógamo obligándonos
a cambiar las sábanas cuajadas
de consensuales néctares y sudores.
Y correr siempre
para poder estar juntos
el mayor tiempo posible, impedir
que algo o alguien interrumpiera la signada
querencia de los astros: velar
el uno por el otro, ser uno
en el otro.

Recuerdo aquella madrugada suicida
en que amanecimos en llamas
en un hotelito de la calle Bruzón
pues te habías quedado dormido fumando

y el humo del colchón se esparcía
y nosotros —el barrio entero—
sin agua con que apagarlo.
                    Huyendo salimos
por una puerta trasera que forzamos,
temerosos de acabar en la cárcel
por haber alterado nuestras identidades
para conseguir un cuarto, porque
cómo decirle al *compañero* de la recepción
que no éramos más que dos
hombres machos varones masculinos
sin lugar privado
donde amarse a deshoras...

Ay, ¿dónde está hoy ese amor imprudente
que me entregabas y me hacías entregarte,
amor de condenado a muerte que desearía
fugarse del mundo y de la ley postrera
en un beso, un abrazo, una caricia cabal?
No por los libros sé cómo Vulcano
amó a Venus, y Zeus a Ganimedes,
sino por tu amor a mí, digno
de titanes virtuosos y unicornios pasajeros.
Después de ti,
he querido sin éxito alguno
amar como te amaba.
Después de ti, nadie ha sabido amarme
como tú me amabas.
Tras tu sublime tempestad, esta calma
me resulta más mortuoria.

          (La muerte, esa palabra
de crepúsculos y auroras,
esa región inalámbrica
que seguirá desafiando
a los teléfonos
que me avisaron de ti.)

Inédito te fuiste, Manolo,
porque no hay nada escrito

en todo lo que aquí he escrito,
nada aprehendido
en tanta cosa aprendida,
nada olvidable
en tanto ya olvidado,
ni nadie verdaderamente amado
más que tú.

INDEFECTIBLE SER

*La incurable otredad
que padece lo uno.*
JUAN DE MAIRENA

De vuelta estoy de esos yo-no-soy-yo
sino la-sombra-que-camina-junto-a-mí,
y de afirmar, reciclando traumas Occidentales,
que yo-es-otro o, peor aún, otros.

De vuelta de esos vinos —de la embriaguez
de tales desatinos—,
comprendo al fin que sólo somos
quien de manera indefectible hemos sido:
toda contradicción u otredad, todo
imprevisto aunque humano traspaso
dentro del propio cuerpo
o de una a otra clase, género, ideario o país,
nada funda salvo esta aleación
compacta y heterónima —cada día
más o menos turbia— que somos
y que no podemos dejar de ser,
porque incluso querer o no querer serlo
añadiría además en nosotros esa vana
querencia o desquerencia,
y transformarnos no es, Mairena, ser otros
sino nosotros mismos transformados.

Por eso no soy más que lo que he sido,
sin la esperanza o quimera de algún día
llegar a ser otro
o, mejor todavía, no ser.

TABAQUERÍA
(CANTO 10)

> *E o universo reconstruiu-se-me*
> *sem ideal nem esperança.*
> ÁLVARO DE CAMPOS

> *¡miseria de toda lucha por lo finito!*
> RUBÉN DARÍO

Porque cuando me asomo a la ventana de mi buhardilla y veo a Zé Joaquim en la acera de enfrente abrir su Tabaquería a las siete en punto de la mañana, comprendo que no quisiera deberle nada ni a él ni a su negocio.

Porque si él fracasa o tiene éxito, o si un cliente encuentra en su vicio o suicidio de humo un consuelo temporal, eso no va a cambiar en absoluto, ni un ápice, mi vida.

Porque si bien no me fue dado entender y mucho menos conquistar las leyes humanas y las divinas (¿y acaso alguien las ha comprendido y dominado alguna vez?), creo que supe ajustarme a esta inconmensurable maquinaria universal de existir, y ya no ansío ser más que lo que soy y que nunca deseé ni creí que sería.

Porque no me interesa que otros quieran o crean ser lo que no llegarán a ser, pues, aunque lo sean, no habría de importunarme.

Porque no sólo el mundo que de manera tan íntima viví o vivo me es ajeno, sino también la Vía Láctea y la súbita aparición, extinción o extrema longevidad de un legendario mamífero.

Porque no necesito despertar para saber que estoy soñando mi vida, aun cuando en ella te encuentres tú, Adriano, proclamando con insomne placer sobre mí tu licor y caricias.

Porque no hay física ni metafísica que pueda reproducir o validar una circunstancia que juzgamos esencial al dedicarle un respiro en nuestra fosca sucesión de bostezos.

Porque no hay conocimiento más universal y placentero que una chocolatería, o el hospitalario cuerpo de Adriano en el instante en que la sangre y la turgencia lo animan.

Porque fuimos nada y se nos niega ser de nuevo nada, y no nos queda más remedio que abrir o contemplar cómo se abre cada mañana esta Tabaquería (que aquí en mi antigua lengua sería estanquillo o expendio de tabaco) donde extraños que aprendimos a amar por hacernos de una rutina diferente, entran y salen de modo inmisericorde para mezclarse con la niebla que en su momento escogieron o con esa falsa vigilia de vivir que, al menos yo, no he reclamado entre mis atributos mejores.

Porque me complacería mucho poder confirmar que estoy siendo un final, que esto que soy no será un inicio para nadie, menos aún para mí.

Porque una tarde de octubre un hombrecillo de lentes redondos y traje oscuro entró en la Tabaquería (*"¿para comprar tabaco?"*) a preguntar si el fisgón de la otra acera no era cierto poeta olvidado que se hizo famoso en una ocasión por un largo y desasosegado poema llamado "Tabacaria", del cual Zé Joaquim hizo una copia manuscrita que mantiene a la vista de todos detrás de la caja registradora.

Porque no era la primera vez que yo veía al opaco personaje entrar y salir de la Tabaquería, pero jamás lo sorprendí mirando hacia mi ventana ni volteándose para saludarme cómplice las muchas veces que coincidimos en sus libros o desandamos rastros marineros en la Praça do Comércio o a la orilla del Tajo.

Porque con una sonrisa ahora cómplice, Zé Joaquim le respondió al hombrecillo que sí, y por la noche, sin yo pedírselo, como quien transmite un mensaje secreto, me contó lo sucedido pensando que esa visita y ese comentario me envanecerían.

Porque Zé Joaquim es un hombre bueno aunque medio simple, y le gusta creer que yo soy o fui el poeta de marras, y yo no lo contradigo nunca, ni un ápice.

Porque perfectamente puedo y prefiero pasar inadvertido, no aspirar —Dios me libre— a ninguna autoría, mas el negocio de Zé Joaquim sí vive de ese mito y quién sabe si hasta él mismo, puestas las cuentas aparte, no guarde en su interior una satisfacción más profunda en creérselo y alimentarlo.

Y porque quién soy yo, ¡vamos a ver!, para cuestionar o entorpecer sus humanas razones.

(Cita de Álvaro de Campos)

ELISEO UPDATED

Pensó que tal vez era
como su abuelo lo decía:
      La Revolución...[2]
Ya nadie piensa en ella.

(2009)

---

[2] A veces, en gratuita sinécdoque añadía / un nombre que no logro recordar.

MOMIAS VIAJERAS

1

Todo es ya leve:
partir, llegar, subir
       y bajar del avión...
De mayor interés resultan
el último *gadget* y unos zapatos nuevos,
que el familiar reencuentro o despedida.
Todo es difuso, normal,
como una rutina que se cumple
con los ojos cerrados.

Sin embargo, muy dentro
sabemos lo que esto significa:
      en cada viaje,
las urgencias de moda
y extraviar la mirada una década más...

2

...Animal de costumbre que regresa
una y otra vez al terruño
cargando con dos o tres enormes
gusanos verdeolivos
tercamente precintados
de diverso color
—fosforescentes momias viajeras
del actual ser nacional.

Y oculta en un remoto bolsillo
que a pocos interesa,
la inquietante alita de mariposa
que sobrevivió al pisotón.

(La Habana, 2011)

LA RUTA DE LA SEDA
(CANTO 4)

para Isel Rivero, confirmando sus Hurones

Flojo, flojísimo el desagüe ante el torrente.
JOSÉ LEZAMA LIMA

Como se abre un puerto o una gran hembra en celo
se inicia este silencio con palabras borradas
o que ya no se dejan permear por lo que digan.
Huyen sabiendo decirnos con el viento
aquello que la tierra se cansó de proclamar:
raíces de espuma, artefactos de rendida perfección,
utensilios de común extravío hace lustros —treinta,
cuarenta, cincuenta calendarios—
son hoy estas tuercas nunca lubricadas, este manual
jamás leído, con instrucciones estrictas de tenernos que
olvidar.

Sabían que en la palma de la mano traíamos
          la Ruta de la Seda:
la estirpe del gusano, el mercado febril de la cochinilla,
galeones, elefantes, alcatraces, camellos
arguyendo, cruzándose entre sí, sin mirarse a los ojos,
y nosotros —o yo— descuidados creyendo
que la tierra en su poción de isla tendría en algún sitio
guardada la respuesta, que no la había
olvidado.

En mancuerna, por retazos de arbustos espinosos
anduvimos la ciudad como andamios
que querían reconstruir los cimientos:
adoquines dispuestos en un orden risible
o juguetes de patio barridos por la lluvia
fue todo lo que había. Y en el centro estaba, previmos
la Escala de Jacob cayéndonos encima: caer sobre caídos.
No, no debíamos haber confiado en que la lluvia

hiciera nuestro trabajo,
y sin embargo confiamos: le permitimos al agua
enceguecida correr y abrirse por deslaves de odio,
con garras, con espuelas, sin alas, sin pulsiones
de amatista o lapislázuli.
Creímos que el agua
sería en lo futuro un río entre las piedras,
que audaces caravanas de pieles y caricias
traerían el amor
a nuestro hogar en medio de un desierto que veíamos
cada vez más en ruinas.
Confiamos y creímos, mas un hueco
hondo, hosco y oscuro se abrió ante nuestros pies,
sin desagüe;
y a modo de estrofa trajo el viento
un desolado verso decidido a borrarse
y a borrarnos.

Lo que quiero ahora aquí es que cuente
esa última voz
y que nos cuente y que contemos con ella.
Si dice abuso y coerción, creámosle.
Si dice afecto y compañía, también hay que creerle.
Pero si por cansancio o piedad dice el silencio,
abrámosle entonces el corazón o la razón o sinrazón
que aún nos quede.
Porque si no supimos retroceder hasta el fósil
que antecedió a esta historia de tantas teñiduras
y allí, ante él, deshacerla en polvo o ceniza vergonzante
para que el propio camino y no la seda
fuese mortal y errante como la seda —escurridizo
tejido en desliz que acaricia y se deja acariciar;
si no supimos o no pudimos o no quisimos hacerlo
y el abrazo de placer que nos clava la vista o el poema
—entero— no llegó a conformarnos,
no hay por qué reclamarle
a ese verso solitario y callado
lo que con propiedad a nosotros habría que reclamar.

Ahora aquí,
al final tal vez de un principio o precipicio,
hay sólo un sacapuntas sin filo, un roto espejo
de azufre sin manecillas, un alfiler
abierto de curandera
esperándonos crueles
en el umbral de la casa, de la escuela, del taller,
de la oficina.
Es un reflejo tosco que nos persigue o que somos:
crece noche a noche en la alcoba y nos aguarda
como un cadáver tatuado de efemérides patrias
que nos obliga al sexo interminable a oscuras,
mientras, dueño del baño, un cieno gris
de sucesivos quinquenios nefastos
nos impide olvidar lo que no llegó a río.
Si busco acaso refugio en la cocina,
allégase mi madre como tantas
madres ausentes, cubierta
por un mortuorio manto blanco
de amargos chocolates y bizcochos caseros
mitad quemados o quemándose por dentro.
Y en los estantes, los libros —mis libros—
con sus millares de ojos fatigados por
inútilmente
leernos:
borrosos y dispersos me ignoran
sus palabras, sus lomos y sus versos
—incluso este poema me borrará en lo que digo.

No obstante, quisiéramos verlos
en nuestra travesía que creímos de seda
ir siempre a nuestro lado,
ayudar con el fardo o con las cuentas
como bitácora u hoja de ruta o de coca.
Pero imposible nos es
        tenerlos
en nuestras manos (muñones),
        leerlos
con estos ojos (de ciegos).

Al final,
ni seda ni ruta sedosa,
sino el salitre ríspido, los truncos y sulfúreos
peldaños que trenzan nuestros pasos.
Por eso, un verso terco,
con pretensión de estrofa,
dicho al desgaire, húmedo
y vacío, aunque venido
desde un reflejo mayor,
como Enviado,
sea quizás lo único que cuente
y que nos cuente un día.
Por lo que si dice abuso y coerción, creámosle;
si dice afecto y compañía, sigámosle creyendo;
mas si por cansancio o piedad no dice
sino el silencio y huye después espantado,
pensemos que lo hizo para saber
la cantidad de esperanza o salvación
que, pese a nosotros mismos,
imperturbable aún
nos quede.

(Las Cruces, 2011)

DECIRES

> *Cuando hubo patria*
> *el hombre dijo patria.*
> JUAN ANTONIO CORRETJER

Apenas había patria
y un hombre dijo patria
otros dijeron palma
un ciego dijo noche
un calvo dijo arena
un niño dijo madre
un padre dijo abrigo
un loco dijo isla
un poeta dijo fiesta
un viejo dijo tumba
un sordo dijo ruido
un mudo dijo cuba
y el hombre dijo entonces
ara y fue pedestal.

REVELACIÓN EN SAN JUAN
(CANTO 5)

*para Liany y Feliciano, en el "San Juan de
Patmos ante la Puerta Latina", de Lezama*

I

Cuidado, que acabó de llover muchísimo, nos dice
con pautada cortesía
la conductora del tren urbano de San Juan
cuando nos ve en el andén tan distraídos
salir a deambular por la ciudad
que aun ajena nos pertenece.

Sabia la conductora: sabe
que no se camina seguro
entre el barro que escapa de los jardines,
las calles que insisten en ocultar sus nombres,
los rezagos de lluvia en las cornisas
y la terquedad goteante de las nubes
que se extravían o desertan de su rebaño.

Como amparo provisional,
entramos a un café, a la espera
de un tiempo mejor o un destino
menos azaroso.

II

En el café no somos los únicos desnortados.
Apenas quedan dos mesas libres.
A diferencia del tren,
que en confiado silencio avanzaba,
aquí todo es fijeza que engruesan el bullicio y
el vaho, el hormigueo de anónimas frases al vuelo:

...Se escapó un criminal,
La cosa está empeorando, No olvides avisarme,
Mi hija parió un varón en diciembre, Hace siglos
que la mía de Nueva York no...
Se discute, se chismea, se enervan los ánimos
entre capuchinos y expresos:
...Ya inventarán otro plebiscito,
Roma no se rinde con facilidad, Lo llaman
el vidente de Patmos, una isla allá en Grecia,
Es la violencia, te lo dije, y sin embargo...

En dirección tan incierta
como la de sus feligreses,
avanzan detenidos en el café
       lamentablemente los minutos
           las horas.

III

Entra entonces el señor de las palabras largas
—oímos que alguien advierte—,
del sobretodo absurdo en semejante bochorno
y humedad,
del recorte de periódico de cuando se hizo famoso
por matar a sus padres.
Como una rutina, se dirige a la segunda mesa
mientras nos clava la vista al percibir
que indiscretos
no paramos de observarlo.

Desde unos ojos que fueron una vez frondosos
y por el mar verdeazules,
nos llega su mirada desprotegida y huérfana,
hecha de muerte para alcanzar la vida,
de un temor que se encubre con excesivo coraje,
de una culpa impagable ante la sociedad.

Y tiñendo su voz con el eco ahora gris de sus ojos
repite hasta el tedio, sin dejar de mirarnos,

los vocablos signados para hoy:
resurrección, dicotiledóneo, lapislázuli,
bienaventuranza, independentismo, docilidad.

IV

No tardamos mucho en comprender.
Lo que empezó como un paseo,
una cándida contemplación del barrio, una cena,
se ha vuelto un obsequioso martirio:
lluvias —la diligente nube
que se desgrana a media tarde sobre las islas—
de aceite hirviendo en sucesiva
prueba de amor y lealtad.
         ...Hijitos míos,
venid y construid, que Roma no se fía...
—revolotean por doquier
las parroquianas frases.
Incluso los vocablos más breves del parricida
(árboles, águila, domus, alfa, río, fe)
se alargan en su voz hasta enlazarnos
y conducirnos afuera, donde se entreoye
un humeante rumor como de manantial
que se estrella contra el pavimento
informe y pegajoso.

Perdidos bajo la lluvia,
damos con una placa de borradas letras
—reacias también a rendirse con facilidad—,
y como nadie sabe, tiene ella que decirnos
que estamos en la antigua CAL_E ROBL_S.
Vemos allí
que donde hubo un templo para un dios forastero,
se yergue urgente, tras cristales que nada ocultan,
una librería sin nombre, un refugio
semejante al café, aunque sin aspavientos.

Entramos y
de guayacán y ausubo y cupey

(*"ácana con ácana con ácana"*)
y juntamente —¡por qué no!— de cedro y roble
son los armarios que conforman sus paredes,
los anaqueles y mesas por los que se asoman
cientos de libros otrora y todavía patrios:
Hostos, Tapia, Pedreira, Piñero, Marqués,
Ramos Otero, Palés Matos, Burgos, Arriví,
Corretjer, Ortiz Cofer, Tomás Blanco,
García Ramis, Rodríguez Juliá, las dos
López-Baralt…, cada cual
columna, prelado, testigo, verbo
de calidad y cifra irrenunciables
y que a la par sentimos como si nos esperaran.

Al vernos curiosear,
el joven dueño del local sonríe,
se le nota cansado: Llevo aquí sólo un mes.
No era suficiente por internet: necesitaba
un sitio real. He tenido que hacerlo yo todo,
con esta lluvia y este calor. No sé
cómo salí ileso…
Nos presentamos y no, no se llama Juan
ni está frente a ninguna Puerta Latina,
pero es como si Juan se llamara,
como si ante esa puerta estuviera,
confiado ya por haberla rebasado.
No obstante: Ojalá llegue a ser un centro
de reunión. Dudo aún si llamarlo
Isla o Islas, confiesa inquisitivo.
Y poco antes de irnos le sugiero
encarecidamente el plural.

(San Juan, 2013. Cita de Nicolás Guillén)

ESCRIBIR

Todo no es más que escribir:
escribirse, escribir,
con palabras que vuelven
sin cesar a escribirse.

Cansadas de decir
pero siempre diciendo,
algo quieren decirnos
y las desescuchamos:

escribiéndose,
repítense a sí mismas;
escribiéndolas,
nos decimos lo mismo.

     (Y escribir y escribimos
una página y otra
donde errantes las vemos
reinventarse entre formas:
a veces confundidas,
a veces temerosas,
aunque también valientes,
enérgicas, curiosas.
Y ándense ellas fugadas
o en voz alta afirmando,
viven como nosotros
     transmigrando.)

Algunas hasta siento
que ya fueron conmigo
cierta vez y escaparon,
mas ahora regresan.

Por creerse incapaces
de decir lo que han dicho,
vuelven tercas e insisten:
aún confían en nosotros.

Escribirse, escribir,
sólo queda escribir
con palabras que vuelven
como de nosotros mismos.

¿Y SI AL MORIR?

¿Y si al morir nos cortan
otra vez
las alas,
las manos?

PUNTOS CARDINALES

> *Los cuatro puntos cardinales*
> *son tres: Este y Oeste.*
> Corrección a Vicente Huidobro

Si descuido mi mano sobre el papel
y divago en asuntos dizque ajenos
a escribir,
puede que la descubra
escribiendo hacia la izquierda
las aljamiadas muescas de un lenguaje
que sólo apunta mi índice y se archiva
con secular sigilo entre mis uñas: aljibe
      alambicado
de un alfabeto que crece
sin haberse concebido
y rasga fiel sabiendo o sin saber
lo que mi mano hoy traza no hacia atrás
sino hacia la derecha, con derecho,
porque estáse en su casa. ¡Así, qué fácil!

Y me duele este duelo entre quien soy
y quien no pude haber nacido: algarrobo
             almíbar
        dinar
    maravedí,
y en confusión renazco en cada rasgadura
del azogue o instinto, cual velado
adalid del antiguo violador de Europa:
virgen fui a su desvelo, a su hábito, a su muy
iluminada sinrazón.

          Y van
     descuidos de mi mente
trazos súbitos
barloventeando conversos
        de popa a proa,
           de este a oeste,

al azar o manual de mis dedos
de vástago de paso, de albacea
paseando con albañiles pasos —indiano
antes alarbe de la alfombra siria del Caribe—
mientras Razón se aísla retrógrada y adusta
      —alcázar o ataúd—
entre dos lunas ciegas por un viento
cruzado que aún naufraga
por mantenerlas mitad.

MANOS

Allí está, me dice, y apunta hacia un recinto
sin paredes ni techo, frente al mar:
      sólo columnas
de esperanza o certeza
anuncian su futura construcción.

A medias desbrozado, de arena, el camino
que a la nueva morada me conduce
es breve ya —la vejez y la muerte
son sus vecinas—
y por él me apresuro sin fruto previsible
pues de nada
parece que valen
los clavos, los ladrillos,
la mezcla por urdir
que cargan reincidentes estas manos
que escriben
ahora aquí
la prisa necesaria, el salitre
trabajando la madera,
la fe que a veces tiene
fecha de expiración.

FUGADOS
(CANTO 6)

> *En alevosa sopera la profecía.*
> JOSÉ LEZAMA LIMA

El *wachimán* vendrá de nuevo para despertarnos.
Pecoso, langaruto, tiene sus ojos pulsados
como anillos.
Cruza la fiesta achaparrada buscándonos,
pero un flamboyán subterráneo lo devuelve
a los ciruelos del patio
que sin querer son cangrejos alambicados. O salmones.
Allí, las maderas nocturnas de un hipnótico címbalo
retumban al tardío reclamo del Rey a sus vasallos:
Tenemos que resistir. He decidido
que mi hermana ocupe mi lugar. De vosotros
se espera en Palacio la misma fidelidad.

Masoquistas de oficio, los súbditos
reescuchan y se dejan picar por las gaviotas
o un carnicero que cuchillo en mano
todavía alardea de sus hazañas en la Bastilla:
Es tiempo de deslaves y circunvoluciones.
¿Acaso no os convence la *Peregrinación
a la isla de Citerea,* de Watteau?

Sin caer en la fálica trampa de la noche,
uno de ellos propone huir
mientras cuenta perplejo los collares y las redecillas
de los descabezados.
Caramba. Eso lo habría esperado
sólo de un heliotropo, les susurra
soterrado a sus pares
y se arregla sin dilación el chaleco
de piel de morsa cruzada con gato shakespeariano.

Una redecilla hoy ruedilla parece rodar hacia delante
arrastrando hilachas, pescuezos, pelucas,

calzones, mazapán.
A su alrededor aparece una figura ubicua
que no se contonea: la creíamos
una espiral en ascenso
y resultó un mero rectángulo —deleznable
alcancía o ataúd— que apenas se desplaza
y ojalá que se logre desmontar con un simple
alfiler de curandera,
como ocurrió en el centro y este de Europa.
Mas el nuestro jamás cinturonea, adora
demasiado sus vetustos contornos:
rojo sobre (más) rojo,
       ya Rothko (no Malévich) lo pintó.

En cada esquina del cuadro
apostados están los apuestos Polichinelas
de trajes violetas y violados.
La sangre común les dicta el próximo escalón,
pero subir (lomas) los enemista.
Entretanto,
una ráfaga de intrusión nos confunde
y como no queremos indisponer al *wachimán*,
nuestro acuerdo es cerrar discretamente los ojos.
Burla burlando, la luna escupe sus riendas,
gira la cabeza en rebanadas y repite
con aliento de ajo lo dicho hasta el hartazgo
por los vecinos, como una cantinela:
Compatriotas, huyamos. Y roguemos:
Prisas de medianoche, no os olvidéis de nosotros.
Lucero de lo errátil, tráenos tu paz, apaga
el sulfúreo chapaleo, los disfraces monótonos
que la sastra de Palacio nos quiere improvisar.

Incluso el tablero de Ifá está asqueado del juego
y sin temor al cepo o al garrote
anula claroscuros y talla en todo caracol su veredicto:
    Piedra de afilar. Piedra de toque. Piedra
    caliza. Piedra renal. Piedrecilla, polvo,
    arenisca de la creciente playa albina.

Ahí llega nuestro hombre
con sus tres hijos putativos
y tres soperas de colores brillantes.
Aunque lo presionan de arriba (del Alto Mando),
se niega a donar sus ollas
al folclórico museo local y su grupo de danza
(recordemos que debe despertarnos).
Cejijuntos la luna y los doblados Polichinelas
desaparecen por la ventana del baño de los criados,
como un candidato Priísta
(muchos creemos que ahora será en serio).
Las aguas, antes turbias, se estrenan por un cauce
pulimentado y potable, como alejandrinos de Racine.
Salgamos de aquí, dice otra vez
el compatriota de marras
imaginándose en una alegoría sartreana
que el rufezno Virgilio decidió no imitar.

Mas la costumbre ha hecho que adelante sea
caminar hacia atrás, como crustáceos
amamantados con leche de mamoncillo
en Varadero o Miami Beach.
A la primera telaraña auroral
el *wachimán* aprovecha para enviarle
desde su *ipod* un *email* a su cónyuge:
   Llegamos OK PUNTO
  Las soperas intactas PUNTO
 Tus hijos como siempre PUNTO
     Love u 2 :)
El agua hecha espuma prefiere entonces
los acantilados, los vanos, los quicios,
y cuando no la ven se desliza
pianísima
cuerpo abajo por selectos
adolescentes desnudos:
quiere ser cálido
manantial perezoso
en montes venusinos o estalactitas de Príapo
y sin embargo la obligan a inconmensurables

        hidroeléctricas chinas,
a albercas climatizadas de gimnasios de punta,
a *jacuzzis* de ancianos ejecutivos en celo.

Por creernos tutores, no previmos
que los hijastros son ya adultos
con sus propias propensiones y proporciones,
y que la tan venerada Citerea les aburre:
Para mí el Louvre era una discoteca de moda,
nos confiesa el retoño más respingado,
aunque a los tres se les nota la lejana
protuberancia hipóstila que le falta al *wachimán*
—*"su lejos es el tamaño de su penetrar"* y son
una baratera: *"diez céntimos"*, asegura Lezama.
El féretro barbudo que es hoy en día el cuadrante
nos observa con sus ojos canosos y culpables
y anuncia —¡a estas alturas del Partido!—
que planea melificarnos,
pero escarmentados o soñolientos,
sin desperezarnos del todo,
sabemos que su anuncio de rectificación
no es más que una inercia rutinaria y baldía,
así que nos mantenemos unidos
en la única figura que se revela gozosa.
Por su parte, los tres mocosos se van
—mientras no les llega el bote o la visa—
tras su visión o sus narices al Valle de Viñales:
¿fósiles de la Gran Siria o Judea, abultados
mercaderes fenicios, morenazos kafires
o nómadas del Sudán, chinos de San Francisco,
quevedos de Castilla tanto como de Aragón,
puras reliquias acaso de un Orígenes
picado oficialmente de viruelas?
Nada puede descartarse.

Fierabrases del trópico, los tríados alborotosos
—dedos largos, lúbrico labio meridional, *grosso
modo*, cartílagos sahumados de *vox populi*—
andan confiados de que alguna respuesta,

aunque nada han inquirido, los recibirá.
O un mogote.
Quizás hasta un buen puesto en Turismo
donde repetir a *"los castigos de un yes"*
algo como Mire, míster, aquí *"el hielo
es una reminiscencia"*, *"un velamen"*.

El *wachimán* está considerando en serio
recostarse entre nosotros, descansar.
Cincuenta y tantos años bien se lo merecen.
No le ha sido fácil cuidar de las soperas, impedir
que a su menor descuido se las manchen
de excluyentes castizo y aragonés,
por aquello de que nuestros indios
se extinguieron...
Quiere olvidarlo todo:
que traía la luz,
que no fue él sino un vasallo quien sugirió la fuga,
que le sobraban razones para la vasectomía,
que su esposa no tiene acceso a internet
    ni se llama Penélope,
que él no es Juan Sin-Nada o de Amberes,
que él ni siquiera es Juan,
sino un fugado más y, para colmo, con hambre
tan real que parece fingida.

Con el miope pudor del rabillo del ojo,
lo vemos desvestirse, colocar
con esmero en forma de triángulo
al pie de la cama sus vasijas o agujas
de cauteloso reloj,
    y es como si, de repente,
hechos uno, nos apoyáramos
en una misma lengua franca de latidos:
sístole y diástole aún de sobrevida.
Evitando despertarnos, cae
rendido de cansancio
a nuestro lado el *wachimán*.
Y evitando despertarlo,

lo miramos dormir, soñar, tal vez morir.
      (Y los que sobrevivamos —me asalta
la duda—, ¿a quién rayos
habremos de deberle qué y por qué?)

Como peluquero entre musas desgreñadas,
afuera el sol del nuevo día peina
sin temblar, isla a isla, el inconsulto
archipiélago que devastó un longevo
e inamovible huracán.
De las ollas *"en constante cocedura"*
se escapa burbujeante o titubea
un olorcillo zumbón
que, pese a sus burlas a los funambulescos
personajillos demasiado históricos,
con aires seudorrepublicanos
      de católico hereje
        dizque les ama.

(Citas de Lezama y Fernando Ortiz)

NUEVAS ESTANCIAS DE UN PEREGRINO

1

Salí a verte pasar, peregrino,
y ya no pude volverme.

Contigo fui en cada etapa:
duras fueron las cuestas,
mayores los descensos,
falso todo descanso
a mitad de camino.

2

¿Eres tú quien viene
o soy yo quien va?
¿O andamos los dos
de tránsito?

3

Por azar te vi la primera vez.
Por azar al siguiente día
te reencontré.

Fatal será perderte.

4

Subí al monte
y nadie apareció.

Ya habrá otros montes
y subidas...

5

Iba yo y tú llegaste, Emanuel,
a sernos uno en tu vía
y en mi cuerpo.

6

Por siglos los oscuros
deslaves han dejado
expuesta a grandes riesgos tu raíz,
pero tú aún te triplicas y despliegas
en lo alto de la luz.

(Camino de Santiago, 2017)

NUEVAS ILUMINACIONES

1

Hoy quisiera conmemorar algo
que no sea para muchos la Vida:
un lunes sin ninguna motivación convincente,
los anónimos cuerpos que se acoplaron al mío,
las bambalinas por donde nos observa
cuando está sano y sobrio el Alfarero,
o cualquier guiño aleve de un transeúnte
en este viaje
al que sólo le queda ahora concluir...
No sé, mas de igual modo querría
celebrar incluso algo que no sea.

O construir un puente
hospitalario y sencillo
de gesto artesanal, reacio
a toda herrumbre,
yerro humano o tímido temblor,
      un puente
de una sola vía para ir y venir
o contemplar apenas, desde lejos,
en cuanto escribo,
las venideras aguas
arremolinarse o correr
en procura de un mar
que ya vi disecado.

2. En peso

Fueron tantas cosas a la vez:
la hoja que cae o que vuela,
el agua que maravilla y se estanca,
la nube que nunca fue el diseño
que le imaginamos,

la urgencia de un manantial en vilo,
el eco de un portazo infantil sin causa
ni propósito alguno,
la excesiva y longeva voluntad
de un gobernante...
      Cosas así, tan
torpemente familiares
pero que definieron una vida
y un país, aunque nos pese
tener que confesarlo.

3. Sin amo

Nuestro exilio es esta libertad
que incomoda a zurdos forasteros.

4

Nos alertan de lluvia,
de caídas o deslaves hondos
de lo azul,
de techos damnificados volando
sin destino ni dueño a la deriva,
de una luz insegura y temerosa
por tenerse que apagar.

5. Poética

Ver todos la lluvia caer
y no saber yo decirles que llovía.

6

Nadie, ni los árboles
por mucho que florezcan y polinicen

las fronteras
pueden crear por sí mismos.

7

Dios hace el barro,
el hombre las vasijas:
sus manos en el tiempo
modelan un camino
raras veces mejor.

Y en toda casa entran:
ejércitos de asas,
jaurías recipientes,
secuelas de una sed
jamás saciada.

8

¿De qué semilla eres árbol,
madera en qué guitarra,
buhardilla o ataúd?
¿Para qué fruta imposible
fuiste flor?
O quizás, ¿qué candileja
o diminuta luz te ilumina
más que el amanecer?

9

De vuelo voy
como una hoja
al viento resistiéndome
a caer,
mientras renuncio
poco o mucho
a mis sabidos placeres,

y pacto
mucho o poco también
el momento y el precio
de la caída.

10

La vigilia anticipada de los años por vivir,
el rumbo que te fijarán mañana los vientos,
la calle en que te asaltará un endeble
cimarronzuelo con cara de ángel,
tercamente el amor, el deber y el naufragio
o preterido sufragio de una Isla,
la hora luctuosa de partir, la inagotable
bienvenida de llegar,
el morral donde errático acarreas siempre
lo perdido,
la luz que no desmaya en mostrarte
el polvo acumulado…
y entre tanta incertidumbre la certeza
de tanta cosa incierta.

11

Difícil comprender que una vasija
que supo resistir a los flagelos
más afilados de las llamas
se haga añicos tan fácil
al roce de una mano
o un vientecillo
cualquiera.

12

Donde el mar rompe cano y la espuma
es casi ya la forma invisible del agua,

nuestros ojos
embebidos en lo blanco
no pueden olvidar que son las aplomadas
rocas resistiendo el embate
quienes hacen todo ello posible.

13. Soledades

Aún va conmigo, Maestro, la *Poesía
completa* que me regalaste en 1971,
y ha sido el suficiente leño o delfín
que desde entonces me asiste
en los naufragios.

14

La nave naufragó, mas con sus restos
la armamos casi igual
en la playa.

Y fue como si llegase.

RÉQUIEM DE 26-11-2016

> *Y ser de aquella tierra lo pagas*
> *con no serlo de ninguna.*
> LUIS CERNUDA

Otra vez el invierno,
las heladas, las nieves
y el frío que atraviesa
toda piel y cordura
llegan para que recordemos
—aunque borrosa en el antebrazo—
la marca de hierro candente del exilio.

Ajenos por fortuna, lejos
del legendario luto
impuesto o consentido,
otra vez el gorro de lana,
la bufanda más gruesa,
el abrigo que esperamos sea impenetrable,
y salir a la intemperie a confirmar aún,
      en carne viva,
los números ajados de nuestra libertad.

ÚLTIMO SUEÑO

Hoy comprendí al fin que se trata del regreso,
que las recurrentes tribulaciones y turbulencias
de un sueño —siempre el mismo—
en que me veo caminando aprisa
y sin rumbo evidente
por un paraje familiar de la infancia,
no pretenden —como pensaba yo—
recordarme sin necesidad asuntos
que jamás olvidé,
sino advertirme de algo inusitado:
que regreso.

Pero adónde regresaría
y cuándo…,
parece que ni el propio sueño lo sabe.

(2017)

INTERMEZZO

VIS(ITAC)IONES
DE AZTLÁN

*Han bajado ... lentos y recelosos,
con todos los resortes del miedo contraídos,
como panteras mansas.*
ALFONSO REYES

PRIMERA VIS(ITAC)IÓN

para A.R.

haciéndonos jardín.
JUAN RAMÓN JIMÉNEZ

APUNTES

1

Hay en su cuerpo algo frágil, porfiado,
que si llego a tocar con garra bruta,
como acostumbro, se desmorona.

Hay algo fijo en él, hecho de arcilla
cocida rudamente, como un mármol
que, entre varias proezas, aprendiera a besar.

2

Hay o busco en ti una fragua,
un algarrobo de luz, una sutura
que segregue combustión, un abrasante
derroche de tu tacto en mis apuros.
O quizás tan sólo una avenencia
callada y vegetal
para decirnos te amo.

JARDÍN IMPREVISIBLE

(A mi diestra incendiado
gira el cosmos, y tú
dormitas a mi izquierda.)

1no

Cuerpo de Andrés, duna de desierto
húmedo su piel, hormigas de sus ramas
en mi red, árbol creciendo en mi paisaje
fugaz, astro fijo que llega, visita firme
y caprichosa: un carapacho es su signo,
macizo aroma es su torso,
          un tronco
donde subirme a cernir arenas calmas es
su cuerpo, arcilla parda a destajo,
bronce anclado a mi sed, luna
llena en mis labios mientras
no me dice que sí
ni que no.

2os

Boca de Andrés, hallazgo
de otros mundos, oasis
en medio de lo incierto:
      conchas
de maíz dulce sus dientes,
      rapto
de consentida cobra su lengua.
Boca de Andrés: cabal encuentro
—en tanto desencuentro—
        y prolongable.

3es

Manos de Andrés, diez estrellas
rielando doctas por mi piel:
sudor laqueado y tacto de celofán
en silencio bullicioso.

4ro

Sexo de Andrés, goma febril de
mascar, abrazo amigo, un pariente
que tenemos que buscar al aeropuerto,
camarada de juerga y confesiones, habano
afable y lenguaraz donde sentarme
a fumar mientras espero.

5co

Ano de Andrés, segundo
sexo o nacimiento al revés
de mis dos dedos, anillada
sumersión en vasija de barro que cimbrea,
o gruta a veces rugosa en que sin freno
olfatea mi lengua hasta quedar
no-sé-qué balbuceando.
Ano de Andrés, ah, no poder
              describirlo
    por perfecto.

6is

Espalda y nalgas breves de Andrés, el reverso
que se resiste a ser en negativo, atabacada
sabana en que me tiendo
a acariciarle los riscos de la oreja, o voy
con todo el peso de mi ser como un náufrago

timón en mano cayendo por un derrocadero
que me incita a hundirme hasta sacarle
la castaña a su fuego
        liberado.

7te

Son sólo estas llamas
lo que me salva, ya ceniza,
de otros fuegos.

        (El fuego que me salva
        no se deja escribir mientras se deja.
        Ya tendré tiempo después.)

ALBERCA

> *Dijo Saúl a sus servidores: Buscadme un*
> *hombre que sepa tocar bien y traédmelo.*
> LA SANTA BIBLIA, 1 "SAMUEL", 16, 17

Tu cuerpo en el agua, hundiéndose
en el agua, mis manos ansiosas
de atraparlo: pretexto a las caricias
que temes prodigar pero agradeces
con una sonrisa de ojos bien cerrados
y labios entreabiertos.

Tu cuerpo en el agua, flotas y no sabes
flotar, te hundes y mis manos rescatan
un tórax, tu espalda, unos omóplatos,
dos bíceps incipientes:
te hundes, desconoces
que yo también me hundo, enamorado.

El agua por tu cuerpo, madréporas
de reflejos sobre tu piel en remojo:
mis dedos —algodones, esponjas—
de caracol absorbiéndolas como algas
en tus dos sexos.

El agua por tu cuerpo, quiébrase
al fin todo embalse cuando abordan
tus veintiocho falanges mi extravío:
agua de sueño tus manos por mi cuerpo,
sueña mi cuerpo en las aguas de tus manos.

CUMPLEAÑOS

Suave, cual gaza
varonil, me abres
tus labios al besar
      y dejas
deslizarse mis dedos por tu piel
cobriza de madera
pulida con los años:
veintinueve que entregas como treinta.

Después me abrazas: abordan
tus malabares manos mi cuerpo;
pretendo estar dormido: finjo
para sentir la eternidad
hurgándome un segundo por tus ojos.
Abro entonces los míos y eres
otra vez dos labios
      y un beso
de ajetreada corrupción:
      boca en mi boca, musgo
de cavernoso mármol, lengua
que blandamente mastico
antes de erigir mi albedrío
por tu sexo y espalda —allí excavo
      con tesón digital
y me regreso ya ebrio
de abrevar en tus nidos,
ebrio igual tú por similares
recodos y motivos.

¡Cuánto regalo me das, cuánto
regalo me doy, cuánto regalo mejor
de cumpleaños!

SEGUNDA VIS(ITAC)IÓN

para F.J.

Se sentía intrigado dijo y quería probar.
ALBERTO LAURO

CÓMPLICES

En tu ausencia, bajo
      por mi cuerpo
           a entretener el eje
donde sueles girar en tus visitas.
Invoco allí una visión
fragmentada de ti, de tus ásperas
y hábiles manos de obrero, de tus ojos
ya curiosos o atónitos
olisqueando en mí eso
que otros practican sin recato alguno:
      ritos muy antiguos
que te erotizan e intrigan, que retuercen
desde el fondo de ti y arrodillado
el qué dirían tus hijos y Dios mismo,
si te vieran.

           Cuando llegas,
pareces (o pretendes) recluirte culpable
en aquel tú que creaste y te aprisiona,
mas poco a poco te dejas —fiel, lascivo—
acariciar y lamer como cachorro en celo
      —días hay
que, en repentino contagio,
cual bracero me abrazas y hasta besas
todoterreno admitiendo que sientan
      placer también tus dedos
al emigrar por mi cuerpo, tu ano
al exigirme un índice de luz, tu miembro
al desplegar su varicosa plenitud junto al mío;
y que indocumentado no precises
ninguna religión, buena costumbre o contrato
social, sino sólo tu cuerpo
calloso (o su visión)
y el mío como tú,
      convexo y cómplice.

ESTACIONES

(verano)

Renace el sol, callado:
ola que orilla
yodo a la arena.

(otoño)

Camino y mis pies crujen
del amarillo
temblor de tu árbol.

(invierno)

De pronto una luz cauta
que se insinúa
rumbo a la alcoba.

(primavera)

Derrítense los últimos
copos del verso
ante tus pasos.

Mis manos cóncavas:
la sátira turgencia
de tu calzón.

Abrupto y veloz rito
el aquelarre
de tu rigor.

Hasta que abres y ofreces
tu terciopelo
acusador.

(verano)

De fuego escamas
—fuego es la cama—,
fuego en mis brazos, es.

Fuego que abrasa
—fuego que abrazo—,
llama de gozos, es.

Sudor culpable o pátina
de amargo azufre
sobre tu piel.

De cal viscosa engrudo
el satisfecho
común licor.

(otoño)

La lluvia al fondo
—rumor amigo—
deja el temor en paz.

(invierno)

Cíclico miedo
que espolvorea
tu nieve en mi hoja en blanco.

RECLAMO A ORFEO
(CANTO 8)

para Osvaldo, en su Atlántida

Y descienda a mis límites Orfeo,
y llévese a la esposa incomparable.
Mas condición yo impongo a su deseo.
JOSEFINA PLÁ

Que yo, Plutón, tenido por implacable y hosco,
confiese como Apolo el Musageta
—discóbolo aunque padre del armónico Orfeo—
un amor semejante al suyo por Jacinto,
revelará ante el mundo por fin las infalibles
razones que me hicieron procurar
a mi manera el turbio si rebuscado objeto
de mi deseo.

OK, abandonad los ruegos insistentes.
Comprendo bien la súplica
del afamado músico y poeta.
Más de una vez yo mismo, ay de mí, hechizado
por su voz e instrumento, a su reino ascendí.
Más de una vez yo mismo, varón entre varones,
humilde le rogué y él a mis lances
con escarnios y burlas esquivo se mostró;
pero en privado,
constante era mi cuerpo testigo de sus ojos
con sigilo mirándome
por gimnasios y saunas azarosas,
diana abrupta también fui de sus manos
aupando femeniles —a la vez que encubrían—
sacrílega erección.

Quizás todo fue sólo un juego para él
—práctica afín es de Argonautas
con largueza avivar y no saciar sus hambres—,
mas un *hobby* no fue ese serpentino
retozo de sus ojos por mis despeñaderos.

Y a resolverse en ellos no se atrevió el cobarde:
ingrato ante mis súplicas, mi orgullo pisoteó,
así que ahora
su turno le llegó de suplicar.

Leales emisarios,
volved donde vuestro amo y decidle que espero
que ante mí comparezca si desea
recobrar a su cónyuge.
Breve indulto desde hoy tenga la Eurídice:
si tanto la ama,
que venga aquí a buscarla y que no tema
mi aguda condición, aunque comprendo
que punzante al contacto
le pueda dolorosa parecer.

    (No con otra intención imité al grande
Ladrón de Europa el día en que a su dama
de la alcoba nupcial robé para mi Estado,
que al bifronte marido truncarle el cumplimiento
—tal cual me hizo él a mí— de su pasión.
No fue otra la causa que obligarlo
a rogarme a los pies.

Y que sepa ya el orbe que no huía
de Aristeo el Apícola —igual hijo
de Apolo— la impoluta
desposada, ni fue en sus lácteos pasos
del Peneo mordida por serpiente
en inculta floresta, ponzoñosa,
sino rica en sazón por mí cogida
sin disputa la Eurídice en su tálamo
hoy túmulo esa noche fatídica de Orfeo.
Fue para ingenuos como él
que se inventó después la fábula
de casta y fiel virginidad huyendo
—incolora si flor desprevenida—
por guardarraya hostil y campos de zafiro.
Mas para mí que fui del Robador el émulo,
no hay mito más mentido que el pudor de esa ninfa

de mi dos veces justa, por ejemplar, venganza:
¡ah, la risueña luna
rosácea y vertical que, tras votos al divo,
me entregó y despidió tan juntamente
que no supo en su dádiva
      lo que la tercia Parca le tejía!)
Perezca quien sospeche que mis actos
ni rectos ni apropiados hayan sido,
y cuídense además los que se atrevan
de impaciente a juzgarme como a él:
yo he sabido esperar, pero ya es hora
de que vuestro imprudente seductor
asuma su imprudencia.
No tendrá que burlar ningún Cerbero:
a su arbitrio franquear le dejaré
—así otrora mi templo a sus ávidos ojos—
de su instinto y mi reino las fronteras.
Que venga, pues, resuelto a mi reclamo:
que si una vez le arrebaté a su Agríope
y ahora se la devuelvo,
bien puedo una vez más arrebatársela
y a él también arrojarlo
a los lascivos sátiros que arrechos
de carne fresca asolan mis confines.
Hoy carroña es raída, a mis vasallos,
la volátil consorte; incluso las discípulas
libérrimas de Safo ni la pelan:
se ha convertido en trasto, en inservible
mueble olvidado en el desván;
mientras que el ojeroso viudo
con su apolíneo torso de palpable ambrosía
obtendrá con certeza, igual que Enkidu,
de mis sordos silenos, centauros y bribones
merecida si lúbrica atención.
No es su canto lo que para ellos cuenta,
ni lo que adormecerlos lograría.

Por eso cual primado yo lo espero.
Cumplirme sólo a mí es la condición.

Mas a su altanería decidle lo siguiente:
nada de clausurar sus íntimos
recintos cavernosos,
nada de escatimarle su canora
lengua a mi lengua,
ni de cerrar molesto a mi encaro sus ojos.
En su infiel sacrificio,
quiero que le prodigue, con partícipes
degustación y vista, las destrezas
de su estrábico tacto a mi deseo.

Y de paso informadle
que agradezco si puede
anunciarme con tiempo su venida
—que a mi edad agradar es biagraciarme:
doblemente bruñir y aderezar con sacras
especies y grageas mi anciana geografía.
Por unas cortas horas será de honor el huésped
VIP PLUS de mi palacio y la región del Orco.
Después…, contrario a lo que dicen,
no sentiré mejor placer que verlo
caminar a la luz, de manos de su esposa
—redivivos los dos— y con los mismos
ojos mirándola que me hayan
visto a mí acariciarlo y poseerlo
—que incluso yo, Plutón, el irascible,
soy al amor sensible, según reza el pareado.
Pero que no voltee el rostro para verme:
      estaré yo detrás
ni escondido ni ajeno despidiéndolo.
Si inconsolable el hijo de Calíope
por inverso motivo,
sin querer o queriendo su curiosa
razón inveterada, me mirare,
sus importunos ojos condenarían de nuevo
a su esdrújula amada —que para ella
siempre hay espacio extra en el desván.

Queridos mensajeros,
idos donde vuestro rapsoda

nemoroso se oculte adolorido
("Sin ti, ya no me resta más que llanto")
y explicadle este acuerdo de liviano dolor.
Ya judíos, cristianos y gentiles,
expertos en las vanas razones del delirio,
aguardan fastidiados su fingida
y tarda decisión; hasta su disoluta
mujer encuentra mi demanda
razonable tanto como pueril.
Es hora de que el Tracio
—sorjuanesco vocablo con que evito
cultamente la rima con Orfeo—
responda sin retraso mayor a mi deseo.
Ni Píndaro ni Ovidio ni Cocteau
—mucho menos la Monja y Josefina—,
del confundido dieron y liróforo vástago
la clave: sólo yo.
Pause su lira y canto y al Averno
de mi epilio drolático
descienda al fin el vate.
Idos en paz y prestos, delegados,
y avisadle entre vítores de aqueste
quizás no tierno por verídico
afán de corrección
que todavía clamando cual insepulta sombra,
aquí en el infrahumano
                universo lo espera.

NOTA: Años después de este reclamo de Plutón, serán las Ménades quienes hagan justicia a la conducta equívoca de Orfeo. No sólo revelarán al mundo (helénico) la errática inclinación del afamado juglar, sino que también cometerán contra él el crimen de odio o despecho que el propio Plutón, por obnubilación o admiración ante su belleza, no se atrevió a cometer.

REFERENCIAS: "implacable y hosco" y "Sin ti, ya no me resta más que llanto" (Josefina Plá); "bastardo incendio de garzón lascivo" (Juan de Jáuregui); "Perezca quien sospeche" (Batallón Sagrado de Tebas); "Dicen que por curiosidad miré hacia atrás, / pero bien pude haber tenido otras razones" (Wislawa Szymborska); "Tout se joue donc dans la décision du regard" (Maurice Blanchot); "Pause su lira el Tracio" (Sor Juana Inés de la Cruz); "aunque el darle a su mujer / fue más castigo que premio" (Francisco de Quevedo). Y sobre todos, Luis de Góngora.

TERCERA VIS(ITAC)IÓN

para Ch.M.

Pero el fruto no cae.
JOSÉ LEZAMA LIMA

ASUNTO DE ESTADO

> *Hay leyes de gravitación política,*
> *como leyes de gravitación física.*
> PRESIDENTE JOHN QUINCY ADAMS, 1823

¡Qué decepción la mía cuando me dijeron
que la teoría de la fruta madura
(que cae y uno solo tiene
que estar abajo esperándola)
no era —como pensaba—
una estrategia sexo-amorosa
que se les aplica a los efebos
cuando estrenan su mayoría de edad,
sino una incipiente política
imperialista estadounidense
del siglo XIX!

CUERPO A LA VISTA

1no

Frente a una mano que en silencio grita
su deseo,
un torso tuyo y blanco
de cascada carnal que canaliza
el agua de mis ojos
hasta empozarla allí donde me acechan
tu breve edad sin dueño y tu mirarme
también sin pestañear,
como aprobando el rocío.

2os

Nada más cruel y delictuoso que el alma
cuando derramada se extiende sobre tu piel
como invitando a que se la beban
discretamente
mis ojos.

3es

Vienes o vas:
bebo cuanto rocío
dejas atrás.

Te vas o vienes:
no sé cuántas miradas
mías te bebes.

4ro

Ocupa la turbulencia de tus novicios mares
el universo todo de mi imaginación:

con la lengua acariciarte las pestañas;
con los dientes —zozobra en acaracolado
temporal—, el lóbulo derecho y esas tetillas
insurrectas —náufrago en ti—
que me intimidan…

Y embebido así de tanto oleaje,
creo que hasta auxilio te pediría
sólo por estrenar lo hospitalario
de tus orillas.

5co

(Hora es de que tu pulpa
descienda ya en sazón y entregue
      sus legales abriles
a ojalá que mis labios.)

LOS DIOSES
(CANTO 9)

> *Y circularán en torno a ellos*
> *muchachos de eterna juventud.*
> EL CORÁN, "SURA DEL HOMBRE", 19

Son los dioses, múltiples, que llegan
rodeados de mancebos
al desprendimiento último de las aguas.

Ellos son el origen pero quieren ver el final:
asomarse indolentes al descalabro
de aquellas criaturas que una vez
amaron y amasaron con errática arcilla.
Se han inclinado a contemplar sin disculpas
esa torpe columna de ensayado cristal
que ha vivido cayendo
por los desfiladeros de la Historia:
   en vertical caída
   sin paracaídas,
   el alto azor que nunca
   alcanzó a volar
   su propio vuelo,
   el anhelado esplendor
   viciado ya desde
   la procreación y el nacimiento.

Los dioses exhiben a sus garzones como alhajas
salvadas de un incendio,
y se acuestan con ellos entre seda y jengibre
a observar contumaces la caída
   del hombre,
   de una tarde,
   de un proyecto de vida.

Nada hay que temer, los chicos nada saben:
no preguntan, no reclaman, no incomodan
con ninguna impertinencia.

Simplemente se dejan acariciar
como apolíneos pétalos a punto de florecer,
mientras se sienten objeto de inauditos regalos:
smartphones, impresoras 3D y otros *gadgets*
de reciente veneración.
　　Distraídos,
los efebos se dejan
seducir por los dioses,
　　　y ajenos a solana o helada
　　　　　recostados están
　　　　　　como perlas
esparcidas
　　　por el lecho,
causando y recibiendo inaplazables placeres.
Los asiste la culpable y adictiva inocencia de creer
que el desastre que allá lejos se observa
—y en el que podrían, de fijarse mejor, reconocer
a un pariente cercano o a un amigo del barrio—
en nada les atañe o les afecta, de nada
los previene.

Ellos son
　　casi sobrehumanos:
como leños que flotan tras el naufragio,
elegidos van y ungidos —complacientes
　　　　amantes— de amuletos
contra la verdad de los otros
y el vacío de sí mismos.
Criaturas hechas, de nuevo,
a la medida y antojo de los dioses: masa
ignota y equívoca como la de sus predecesores
que fueron, que van a dar a la mar...

　　　　Envío

　　　Satisfechos los dioses
　　　festejan su creación
　　　con la sangre cuajada
　　　de errante semidiós

casi desnudo y único,
nacido de mujer:
hipostática unión
que muchos despreciaron
porque hablaba de amor
y paz entre los hombres
de buena voluntad.
Ay, si el mar fuera la tinta
con que Su verbo se escribiera.
Ay, que no se nos agote
el mar antes que Su palabra.

LIBRO II

DE REPENTE LA VIDA

UMBRAL

*Si escribiera poesía como la de Pasternak,
no me habría hecho cineasta.*
ANDRÉI TARKOVSKI

BREVE HISTORIA DE LA HUMANIDAD
(GUION DE CINE)

Es un salón enorme,
como en una película famosa de Orson Welles,
de lujo monárquico el salón o tal vez desolado
y con pretensión metafísica,
como en varios planos secuencia de Tarkovski,
y uno está allí sentado —yo mismo o tú—, no sabría
decir si en espera o cansado de algo
que resulta ya irrelevante,
y al fondo del encuadre una escalera blanca
de mármol o cualquier otro material que se le parezca,
y hay además silencio o, casi imperceptible,
un rumor de lluvia cayendo desde una cornisa,
como en tantos filmes de samuráis,
y de nuevo tú —o yo mismo— observando
cómo
        de repente la Vida
—avejentada, en traje de luto—
aparece en lo alto de la escalera,
y con justificado desdén hacia todo
lo que se refleja pertinaz en sus ojos,
impúdica como un árbol,
                desciende
                        por la escalera,
como en un drama sureño de Tennessee Williams.

(Y todavía quisiéramos ir a Marte.)

REFUGIOS COTIDIANOS

Y la verdadera vida viene a ser
como corriente silenciosa que se desliza invisible.
JOSÉ MARTÍ

CAMINO

No parece que siga un rumbo la vida.
Hasta esos años que logran
conducirla en una dirección
no se atreven a definirle su ruta:
resultan sólo un desvío
que se prolonga demasiado,
un escalón más, un desgaste,
tal vez la vida misma,
sin ser en realidad el camino.

Vive el cuerpo obligado
a su vertical trayectoria,
pero el alma —ondulante
saeta cuya diana
transcurre siempre en otra parte—
no arrastra obligaciones
y osada va a lo que la busca
sin que podamos
muchas veces,
  en vida,
acompañarla.

CALLES

> *Long I stood and looked
> down one as far as I could.*
> ROBERT FROST

Hay calles que no conozco
pero que se entrecruzan a mi paso
sin obstruirlo.

Alguna vez, sin prisa,
sucede que me detengo en una
intersección cualquiera
y contemplo esas calles
larga, inquisitivamente
para saber qué habrían sido.

Las veo allí con árboles a cada lado
como invitando a sombra y a recreo,
o sin amparo desiertas bajo el sol y la lluvia
haciendo
como un recodo intempestivo al fondo
que se oculta a mis ojos.
O con letreros, signos
que nunca alcanzo a leer y todavía
insisten en mostrarme
no sé cuántas cosas.

        (Cierta calle
tal vez hasta se arriesgue
en un desvío muy íntimo
sólo para resurgir callada
un centenar de metros más adelante
pero, ¿cómo podría yo desde aquí saberlo?)

En cada cruce las veo, no se ocultan, interrogan
con su silencio mis pasos.
Me digo entonces
que es demasiado tarde ya

hasta el centro lustral de los zapatos
lo que según ciertas causas
o, mejor dicho, razones
parecía que fuese la vida que llaman verdadera.

INSTANTÁNEA

(sobre *Asfalturas*, no. 15, de Carmen Amato)

Qué forma de no verlos:
dos creyones de peces
asaz multicolores
que se dejan mirar.
¿Azules como el cielo
de los lejanos mundos
en los ojos de alguien?
¿O son acaso verdes
como el cielo contiguo
en los ojos del mar?
No hay forma de saberlo.

VIDA

Quizás exista una frase que redondee el camino,
tal vez exista un camino alrededor de esa frase,
pero "así es la Vida", escuchamos:
flashes, saltos de agua, espumas
que chisporrotean y brillan
fugaces, que insuflan
un trozo de respiro casi asmático
o un gesto indócil que alguien archivó
sin querer o queriendo, como cuando
se endereza una luz, mas momentánea-
mente: translúcido destello,
casi gaseoso,
que expira aun antes de iniciarse...

     Y la creemos
la más confiable fuente
de caricias y rastros que podrían
definirnos mejor.
     Y le decimos
a ese alud de ardides luminosos y abruptos
la Vida,
        así
con mayúscula de efecto por aquello
que haya sembrado
o desenterrado en nosotros
toda esperanza y querencia, toda
prometida perdiz...

Pues de no hacerlo aquí, con las letras
mayores del sonido,
sería como habituarse a un irresuelto,
entrometido punto final.

           Ay, si hubiera
al final, como en suspenso, una frase
que redondeara el camino.

Ay, si lo encontrara: el camino
que existe alrededor de esa frase
suspensiva.

PALOMAS

Vienen si hay pan;
pero si no lo hay, también vienen
más agresivas aún por conseguir
lo que les falta,
                    y sus graznidos
nos insultan culpándonos
por lo que de cierto modo nos sobra.

Ellas son muchas; nosotros, unos pocos.
Y amenazantes nos acorralan
entre ruidosas paredes de vuelos rasos
y el azoro de plumas coléricas
que acaban, como ripios, exhaustas
a nuestros pies.

En vano entonces,
metemos la mano en el bolsillo
esperando encontrar unas migas dispersas,
un rezagado par de monedas o una lluvia
imprevista que las espante y nos deje el camino
desobstruido y limpio, como prefieren algunos.

Y sin entenderlas del todo,
al día siguiente y en otros por venir,
inevitables volvemos a pasearnos
por la misma plaza y a igual hora,
siempre sin pan ni culpa en nuestras
mejores intenciones.

PALABRAS

para Tereza

No, no mueren las palabras.
A veces, sí, se nos pierden,
se transparentan o esfuman
de la vista,
se esconden o deciden
refugiarse en sus pares;
y creemos que han muerto,
que si buscamos aquí o allá
hallaremos únicamente sus ruinas
dispersas, huecos
sonidos sordos,
ciegos susurros,
nada.

Y cambiamos el tema: encendemos
la radio, ideamos un viaje o una visita
a un amigo de infancia
para quejarnos del clima,
del presidente de turno,
de un malestar pasajero.
Pero no nos referimos nunca
a las palabras —incluso
las que usamos con él
se nos antojan cobardes
desertoras, calladas cómplices
de una traición, endebles
columnas aún en pie
de una hecatombe
que no experimentamos
ni tampoco pudimos
prevenir.

Y entonces,
cualquier noche después,

como un amor que vuelve
o un bello cuerpo en entrega,
regresan
        las palabras,
inéditas, sonrientes,
como si nunca se nos hubiesen
malogrado.

No, no mueren las palabras.
Sólo nos dejan saber, a veces, cuánto
las necesitamos.

FRAGUAS

1

Ya me diste la voz:
con ella aciaga,
¡que la palabra se haga!

La música no falte:
rumor de lluvia
y, en la fragua, la gubia.

2

A la común,
      procaz o
        cándida pregunta
de para qué sirve la poesía,
podemos responder que son poquísimas
las cosas para las cuales
      no sirve
        aún
la poesía.

FORCEJEOS

> *the intolerable wrestle*
> *of words and meanings.*
> T.S. ELIOT

No *"lo que pasa en la calle"*
sino los forcejeos consuetudinarios
que, como aduanero solícito ante los bultos
brutos y el sudor musculoso de los estibadores,
acontecen en la escritura misma del poema
acerca de
        lo que pasa en la calle.

(Cita de Juan de Mairena)

NOTICIERO

Los bazares de telas,
los mercados de frutas, las antiguas
alamedas en traje de domingo, la estación
del metro a la hora pico, el holograma
de un chico muy especial, la positiva
reseña de un filme que no vimos,
los ataúdes vacíos, la pensión
de solteros, la mañana
sin sol, el extraño reloj que nos dejaron
de herencia con la llave
de una puerta que nadie reconoce
—que no nos reconoce—, el peón
que se comió a la torre, la torre
que se atrevió con el rey, la ventana
que no dará a la calle aunque quisiera,
el ruido infernal de los vecinos del fondo,
el barrio donde todos ambicionan vivir
pero no pueden,
y un hospital que jamás cura,
una enfermera que se enferma,
unas tijeras que no cortan, un delantal
que no nos cubre —no cocina, no existe—,
una verdad que siempre miente,
un orador que un sordo escucha,
un bailarín que a veces danza, una verja
que suele cerrarse sin abrirse,
un avión que regresa y no ha partido,
un huracán que no derriba nada,
un incapaz vuelto eficiente, una inocua
sensación que apenas siento,
un poema así,
que bien podría nunca terminar
mas ya termino.

DENTRO

1

Vivo aquí dentro.
No sé bien si amanece
u oscurece allá afuera.

2

Llega, por un impulso remoto,
        la luz,
y nos creemos sabios al confirmar lo visible
        que nos rodea
y ensombrece entonces la claridad.

CASIDA DE LA SEPARACIÓN

para C.

A veces, me sorprendo pensándote,
imaginando las muchas cosas
que aún podríamos juntos disfrutar,
y de repente percibo que nuestro tiempo ha pasado:
nuestro común instante en la eternidad del universo
pasó como un cometa más por algún cielo
y este pensarte —menos, cada vez— sólo es su rastro
de luces engañosas relampagueando tardías
desde aquel adiós que la vida concertó.

HERALDOS

(siguiendo a Darío)

La desazón de toscos inquilinos.
JOSÉ LEZAMA LIMA

¡Carlos!
Lo anuncia un palomo hecho de dardos.

¡Abilio!
Lo anuncia un dromedario sobre un lirio.

¡Andrés!
Lo anuncia una sonrisa de la cabeza a los pies.

¡Lucanor!
Anúncialo un lagarto tornasol.

¡Valentino!
Lo anuncia un caprichoso turbante tunecino.

¡Federico!
Aljamiado lo anuncia un abanico.

¡Anacleto!
En mis manos lo anuncia su amuleto.

¡Garetto!
Lo anuncia del *copyright* un decreto.

¡Sigfrido, Lincoya!
Anúncialos un brujo en una escoba.

¡Aquiles, Héctor, París!
Anúncialos el mármol o el marfil.

¡Rolando, Colton, Brad Pitt!
Los anuncia un soldado bruñendo su fusil.

¡Julián, Darío, Verlaine!
Anúncialos un rítmico vaivén.

¡Orestes, Mella, Gael!
Mi cuerpo los anuncia hasta el amanecer.

¡Parsifal!
Lo anuncia un Chivas Regal.

¡Espartaco!
Lo anuncia un simulacro
de luz parda o mulata
que me ciega.

¿Y Él?, pregunta
mi ojo verde de sátiro.
Nadie lo anuncia, no existe
o todavía no llega.

LICOR ALBINO

(en odre viejo de Whitman,
el vino nuevo del Junior)

Darás lechada a mi alma.
VIRGILIO PIÑERA

Cuando mi turgente y joven camarada —ese
que ha dormido junto, encima y debajo de mí haciendo
interminable el amor
durante un largo y fatigoso fin de semana—
se levanta y se va con trasnochado sigilo para el trabajo,
cuando incluso antes de irse vuelve otra vez
su amaneciente cuerpo y me cubre
de nuevas frutas maduras y más licor albino,
no le pregunto de dónde proviene tanta
cornucopia cuajada como blanquísimo lienzo
sobre mi piel cada mañana de lunes
ni qué propósito habría en tal bautismo suicida.
              Simplemente
         le dejo
             hacer en mí su voluntad
y con humilde resignación acepto
que en nuestros desatados viajes a Ítaca
hoy no sea mi gloria, como antaño,
llegar erecto a sus costas y proclamarme en sus playas,
sino acompañar hecho cómplice o bitácora ajena
—con suficiente y hasta didáctico brío—
a estas fervientes e infatigables huestes
aún deseosas de secundarme en semejantes travesías.
No arribar ya en Ítaca, sino desgranar
            en el viaje,
     uno a uno,
sus más frescos racimos.

(São Paulo, 2007)

ÍCAROS A LO BRUEGHEL

Mientras escribo "lago"
en lo hondo de la noche
cae un haikú.

Glub en el agua dice
el primer verso.
Glub, glub, los dos siguientes.

Buscaban en el sol
lo que en las ondas
cual Ícaro encontraron.

En derredor, silencio:
del papel va emergiendo
un sucesor.

Al insomnio profundo
cae un haikú,
mas se levanta ya otro
que tal vez es el mismo.

GUERRA

1

No conozco la guerra,
sólo la he visto en filmes
aunque mi vida no sea más
que uno de sus efectos.

Me atrevo, sin embargo, a juzgarla:
culpar a quien con hábiles excusas
exige nuestros vítores y aplausos
por los supuestos triunfos de una Idea,
una Fe, una Nación
que nunca he visto consumarse.

Dichoso por no haberla sufrido en carne propia,
me ha bastado mirar en alta definición
el rostro de un actor o un veterano
      —de fondo los sollozos
de una viuda y sus huérfanos—
para aprender
que los credos de hoy serán mañana
pretexto para nuevas asechanzas, baldía
sinrazón en unos tanto como en otros.

No conozco la guerra, pero creo
saber sin esperanza
por qué y por quiénes siempre
nos sobrevive.

2

Puede que haya días
en que no escuchemos
los partes de guerra,
pero ella continúa
más allá de nosotros.

CERTEZA, 2

Yo no sé si la muerte conlleva
una forma de vida,
pero sé que la vida conlleva
una forma de muerte.

EVANGELIO

33.1. Él vino, vio y dijo
que *"love is all you need"*.

   2. Imprudentes, triunfaban
sus ritmos y sus blancas
vestiduras de paz.

   3. En Praga y en La Habana
su voz, aunque proscrita,
resonaba aún más.

   4. Y entonces a la vista
de todos lo mataron.

   5. Palabra que fue así.

(Cita de John Lennon)

MI SEMEJANTE

A veces, cuando dicen que un poema
le concierne o va dirigido a "mi semejante",
no sé si se refieren
a la acepción amplia —genérica— del término
o a otra más estricta, casi pegajosa-
mente literal del mismo.

AUTORRETRATO

Sin embargo, mi corazón late.
CONDE DE LAUTRÉAMONT

Turbias
aguas
empantanadas
por aluviones
y
derrumbamientos
de tierras y motivos,
charco insepulto, caldo
de bacterias sin nombre
bien conocidas por todos,
laguna o mar muerto, putrefacta
alcantarilla de huesos
fuliginosos aunque albos,
es decir, yo:
tu semejante.

IN EXTREMIS

Yo siempre supe o creí saber lo que buscaba
y creo hasta haberlo hallado,
aunque sin creces.

Hoy que con desapego asisto
al final de mis días,
no me asiste, sin embargo, ninguna
satisfacción de triunfo
—como aseguran que ocurre en estos casos—,
sino un marchito deambular
de repetición y hartazgo por la vida.

¿Qué hacer con lo logrado,
si no será jamás algo tangible
que llegue en medio de la noche
a blandirme su carne y beberse mi vino,
si ni siquiera trae pieles
donde abrigarse las mías?
¿Comprende
      tal vez que sus honores
conforman mi derrota más triunfal?
¿O acaso estará allí
para cerrarme los ojos
cuando ya nada vean,
y reclamar mi cuerpo
cuando ya nada sea?

No lo sé…, pero de poco
servirá el laurel sobre un nido
solitario de huesos
insepultos.

FIN DE PASAJE

Conozco el mundo ya: sus desvíos,
subidas y descensos
—los míos y los de otros— y el amor
—camarada de viaje, rara presa,
arpegio balbuciente—
o sin trasfondos la carne, que se brinda
por creerse infinita y ahora es ultraje
venéreo a mi primera senectud.

Lo suficiente ya
he conocido el mundo y no preveo
que tenga nada más que ofrecerme
ni que ofrecerle yo,
salvo este tiempo residual que aún me habita.

Quedemos, pues, los dos
en paz y satisfechos
de lo que para bien o para mal compartimos.
Adiós, decirle al fin
y que ojalá allá no lleguen
más noticias de él al agotarse
mi travesía.

(2015)

SURFISTAS

para Elia

Me gusta ver las olas y a los surfistas
salir de los remolinos inclementes
con esa tabla de fe en que el equilibrio
es más que una acrobacia de ligereza
       y gravedad.

Me gusta verlos triunfar desde un madero
al que nada los une, salvo unos pies
como de Cristo andando sobre las aguas
majestuosas a pesar de su revuelta
       brutalidad.

TÚNELES

Es como un túnel
ya demasiado largo y tedioso
pero donde hemos visto el sol y alguna playa
y, aunque reos suyos, logrado la libertad suficiente
para entrar y salir de él —que es lo mismo—,

un túnel
antes holgado, ahora un poco egoísta,
que nos oprime y agobia con sus achaques,
mas iluminado siempre de una ambigua
claridad interior —urgida por nosotros—,

un túnel
al que nos une terca la osadía
de concederle razones que ni él avala,
o quizás sea el temor
de que al final sólo hallemos eclipses
retroactivos, chubascos empozados,
      otro túnel
aún más largo y tedioso, cejijunto,
sin miradores ni palabras ni luz.

(2018)

HANGARES

No he visto nunca esos hangares
donde imagino atracan los navíos
que de la mar regresan a morir.

No sé si llegan hasta allí arrastrados
por la marea o las olas, o escogieron
ellos mismos el viaje concluir.

PIEDRAS

Quién diría que aquellas
formaciones rocosas
que pueden destrozarnos
de sólo un golpe
un ojo o la nariz,
serán mañana o fueron
ayer una arenisca
que cualquier torbellino
dispersa a voluntad
sobre la Tierra,
con la ácrata intención
de mostrarle al escéptico
tosco Albañil
de mandarria y martillo,
fuerzas más nobles
con que rehacer mejor
la vida, al deshacerla.

PINGUIS FECUNDA TERRA

(siguiendo a Virgilio)

Dándome parte en el poder: rehusela.
JOSÉ MARÍA HEREDIA

No vengáis con ofertas de poder
y riqueza a torcer el curso suave
de mis últimos días.
Con el cetro y el oro acudirían
sólo innobles placeres. Y escuadrones
de civiles y bárbaros Atilas
del rencor y la envidia acibarían
mi vida hoy dulce y próspera.

Mejor dejadme, os pido, en mi heredad:
cenizo, en paz, arando mis motivos.
Nada falta en mi era al despertar:
noble es la tierra y me regala el trigo,
la uva, la piña, el higo
y el maíz necesarios. La banana,
aún desmayada de su dulce peso
y fatiga anterior cada mañana,
altanera se yergue al caer el día
y convoca demócrata
de un Bruto, un Paulo, un Publio, un nordestino
los plebeyos si rústicos rocíos
que albean mi cuerpo al plectro vespertino.

Idos con Dios, mis caros mensajeros.
Llevad a vuestros sabios senadores
no mi rechazo sino humilde ruego:
    Dejadme en mi heredad,
que es ya lo suficientemente varia
y pingüe
para mi luenga y renunciante edad.

ANEXO

CANTOS LIBRES

JUSTICIA A NUEVA YORK
(CANTO 2)

> *Pero tú comprenderás —continuó
> Foción— que no fui a Nueva York
> para hacer crítica de arte.*
> JOSÉ LEZAMA LIMA

Vine a buscarte, ciudad
de osados puentes, gran ocasión
de aventura y placer
en labios decididos.
      Vine
porque en ninguna otra urbe te encontrara
sino en ti misma tú, Nueva York de grisáceos
decibeles, alba de sol
      per-
      pen-
      di-
      cu-
      lar
esparciéndose a saltos de intravenosas lianas
por residuos satisfechos de cal viva, viscoso
oro imperial trasfundido en pasajeras
transacciones de altura.

Todos te miran, todo miran, te miro yo y
      a todos
miras tú así, ensimismada y abierta.
Eres, Nueva York,
la secta más impúdica del rubor:
nuevo yo que te creía mármol y vidrio
de concreto y acero empapelado,
pero resultaste bosque montaraz,
contagio de salud y brizna
de pedernal que al hundirse
en sacrificio demócrata
provoca deslaves —zanjas, resacas—

en los meandros salobres
hasta empozarse sin culpa entre las grietas
de tus parques y callejones traseros.

Civiles lecho y caudal son en mí, Nueva York,
tus arterias de fluidos sin nombre
cinturoneándose de gozo —a pesar
del gitanoide y campánido poeta—
a la orilla del Hudson, son tus miríadas
de machos cabríos derramando harta lana
sobre los leños de estrictos anaqueles,
son tus obedientes ímpetus mañaneros
despidiendo a los exhaustos techos sin luna
y ofertándole alas al diverso mundo en un álbum
ajeno de familia,
        tan familiar también tú y altruista,
que compartes tu instinto con el mío
—mi instinto con los tuyos—,
que alcahueta contemplas derretirse
prejuicios y relojes
bajo un espumante orín infantil que enmohece
verjas del Village y corbatas de moda —óxido
precoz el propio niño caído al pie
de tu imán entre las nubes, tus barbas
de mariposas, tus babélicas lenguas
y seductores grilletes.

Déjame ahora, ciudad,
desde mi breve estadía cantarte
en tu valle de asfalto, en tu río
de hombres contaminados.
Déjame acariciarte con oficiosidad de hormiga,
acecharte con nocturna paciencia criminal,
desagraviar con navajas de orgullo y de victoria
a tus prostitutas procaces,
a tus homosexuales sublimes,
al garzón que orina tus rascacielos
como si fueran arbustos perdidos.
Déjame redimirte ante los hipócritas

que te hayan condenado o condenen
después de invocarte a escondidas
en sus marchitos almanaques.

Yo, que al desgaire deambulo
por tus consensuales embarcaderos y plazas,
creo haberte encontrado al fin, pues ya sé
(y en mi cuerpo de hoy lo constato)
que el tiempo delictuoso —ese tránsfuga
que acapara en su alcancía de insomnio
nuestras sobadas monedas—
no ha pasado sobre ti sino para entregársete
para siempre,
como un amante albino.

(1980)

RETRATO DEL INFANTE DON CARLOS
(CANTO 3)

para Lourdes Tomás

*Todo es pueril e indigno
de memoria en este príncipe.*
MARCELINO MENÉNDEZ Y PELAYO

I

Miento —dirán— si digo que fui rey
durante el reinado de los Habsburgo en España,

Y no por no haberlo sido
sino porque la Historia mintió para no recordarme.

Prefirió inscribirme junto a dudosos patriarcas
en oscuros ministerios de pública salubridad:

A mí que gustaba de repetirme mis nombres —Álvaro,
Ricardo, Antonio, Mairena— frente a sucesivos espejos,

Al final vine a quedar cautivo en un santoral caprichoso
de dogmas políticos, tinas de baño y conflictos sociales.

Yo que lideré Siglos de Oro, cumbres de Iluminación
y poesía, vine a quedar, contrario a mi albedrío,

Entre cuchilleros y plazas infectas de informantes
incapaces de sumar y soñar.

Yo que imantaba el saber,
acabé destruyéndolo con mis manos ajenas.

Yo que soy lo borrado en vuestras memorias,
acabé siendo para siempre lo que nunca fui: Saint-

Just, jacobino y francés, ¡yo, un auténtico
monarca de la casa de Austria!

Y todo porque un escriba decidió ajustarme
a sus infamias privadas al ocultar mis rostros

Insertos con barroco artificio en los mayores
Cristos y bodegones de El Prado:

Con su pluma no me escribía sino que apagaba
mis reflejos hasta reducirme,

Bajo difuminos y acuarelas falsas, al conjunto
antojadizo de signos arbitrarios e ineptos

Que ahora soy, yo que fui príncipe y rey
durante la era de los Habsburgo en España.

II

Pero no le bastó con eso a mi falsario:
en carta a mi persona
pretendió sobornar mi vanidad al recordarme
lo volubles que suelen ser
las formas de la recordación entre los hombres,
y que en un siglo o en otro —guillotina o mecenas—
jamás seré olvidado.

Que, gracias a su guion, no terminé
de mero extra entre la chusma carnicera
que irrumpió en la Bastilla
con el cuchillo de degollar en la mano.

Que, en cambio, la peluquera cuchilla
(como el gas siglo y medio después)
me garantizaría un sitio primordial
en los manuales de escuela, muy lejos
del anónimo sótano de lo desconocido
y su insípida llama común,
a mí que inspiré emociones y pensamientos insignes,
a mí, único y múltiple en la efigie de redoblados
crucifijos y azogues.

¡Cómo si yo necesitara de él
para alcanzar un áureo protagonismo:
yo, un Austria de *biopic* tres veces filmada,
cristiano viejo, sucesor seguro a trono, mujer
y descendencia historizables;
yo que supe huir de tanto trazo prescrito
al alojar en mi corte al peludo bohemio
de *blue jeans* y rimas raras,
al trovador de Nueva Voz, al bizantino
pintor de Gólgotas unamunianos!

Y más aún me reprocha en su carta:
que debía incluso agradecerle
no haberme inscrito en una identidad
que me condenara a la ciénaga
o lodazal que es la historia —minúscula,
digo yo que no miento— de cierta ínsula
indistinta en el Cosmos.

Yo que —según él— ni siquiera fui
el Cervantes del *Quijote* de Alonso
o la imagen especular al fondo de *Las Meninas*;
yo que no tuve —me sigue machacando—
ingenio suficiente para componer ni un villancico,
que no fui sino un mísero rey de los Austria
cuando España era inquisidoramente España,
y ahora soy —¡agradecérselo debo!— Saint-Just
en la perenne y olvidadiza memoria de los hombres,
me pregunto
si me habría interesado un destino diferente
en aquel fin de siglo del turbulento París...

¿Acaso no viví de cantar en las plazas
atiborradas de espías
los altos motivos (es un decir) de la Revolución?

¿Acaso no fui yo el cineasta
que transcribió con impecable estilo
la defensa del indulgente Dantón ante el rizado
tribunal que no lo absolvería?

¿Acaso no pintó mi mano
esa varona Libertad que cabalga victoriosa
sobre los héroes caídos en batalla
llevando una bandera que a veces imagino
con franjas blanquiazules y un triángulo masón?

¿Acaso...?
       ¿Por qué no?

III

Hoy
es un consuelo saber que esas vidas dispares
me hayan sido posibles
y que con sólo anotarlas aquí
evito que se me vuelvan improbables.
Hasta disfrutar querría la del infame Saint-Just.
Siento, sin embargo, especial predilección
por aquellas que no llegué a degustar
durante mi largo mecenazgo en España:
dos o tres destinitos que se me antojan
tan seductores como el Tenorio de Tirso
o cualquier curador de su honra lopista.

Tal vez en algún futuro,
por obligación o conveniencia,
me adelante a mi escriba
y relate con detenimiento
quien soy o fui en realidad.
O mejor me apresuro —que acechan
por todas partes cineastas y falsarios—
y escojo ya la más hechizada posibilidad:
la del Divino Marqués.

INSCRIPCIÓN
Yo que fuí rey sin aver sido el Cervantes de Alonso
no pude ser Saint-Just como un texto dixit porqu'en
verdad fuí el Marqués i tenía muy afanados mis días

en extenuantes jornadas qu'en su momento describí
para enxiemplo de mis amantíssimos conciudadanos
i para evitar que ningún escribano o cineasta anterior
o posterior las envileciera o envilezca.

Sade

Rubricado ante notario público.
En París, 1ero de enero [*ilegible*]

IV

Mi estimado escriba:

Como no soy rencoroso, deseo responder tu misiva (*"Cuando esperaba oír nuevas de tus descuidos e impertinencias"* en la indistinta ínsula, etc.) con esta que agradece tu amañada intromisión en mi vida. Corregiste sin querer mi candorosa confianza en los espejos y manuales de Historia. Gracias a ti, soy al fin: terminé mis errancias. Guarde Dios, pues, tu magisterio *"tan inclinado a favorecer las buenas artes"* de nosotros tus [*ilegible*], y créeme que con mi rúbrica queda a ti obligado tu —aunque nunca lo fuera o quizás sí—

San-Justo

Criado de la Revolución
En la Nouvelle Orléans, 1984-1985

(Citas de Miguel de Cervantes)

EZRAPÁNICOS
(CANTO 7)

> *Let there be commerce between us.*
> EZRA POUND

1. Venecia

"Yo solía sentarme en las gradas de La Dogana
porque las góndolas costaban mucho aquel año",
y me convino siempre, pues era común entonces
que en plumoso revuelo llegaran a Venecia
palomas y tucanes en busca de turistas,
por lo que estando yo en aquellas gradas
fácilmente podía, si obligado, correr a refugiarme
en los portales vecinos,
mientras que los ricachones en sus góndolas
—ah, las bursátiles virtudes de mi pobreza—
no tenían adónde huir y resultaban
de las barcas aladas reos duplos
que, al final del nostálgico paseo
por los puentes y canales serenísimos,
retornaban cagados de tucán y paloma
a La Dogana.

2a. La niña-de-los-ojos

Entre gasas y tules, a la hermosa
y refinada princesita (cristalina
niña-de-los-ojos de sus amantes padres)
se la veía últimamente actuar
con calculada incertidumbre.

Hasta una noche en que sus padres dormían
con total placidez...
            Dicen
que se la vio salir en silencio de la casa

y trasvolar sonriente la ciudad: sus dos manos
aferradas con inteligible y ciego fervor a la rosácea
montura lenguaraz de la villana
más horrenda, vulgar y sin aseo
que había en su servidumbre.

Y en consonancia dicen hoy sus tres hijos
—pastor de cultos amazónicos el 1ero,
banquero de Wall Street el 2do,
campesino trans el 3ero—
que sus dos mamás fueron
(y los hicieron)
muy felices...

2b. El niño-de-los-ojos

Entre pelotas y un bate de beisbol,
al esbelto principito (alabastrino
niño-de-los-ojos de sus amantes padres)
se lo veía últimamente actuar
con calculada incertidumbre.

Hasta una noche en que sus padres dormían
con total placidez...
              Dicen
que se lo vio salir en silencio de la casa
y trasvolar sonriente la ciudad: sus dos manos
aferradas con inteligible y ciego fervor a la ciclópea
montura respingada del villano
más horrendo, vulgar y sin aseo
que había en su servidumbre.

Y en consonancia dicen hoy sus tres hijas
—traficante de negras saharianas la 1era,
profesora afrolatina bisexual la 2da,
actriz de tercera la 3era—
que sus dos papás fueron
(y las hicieron)
muy felices...

3

*"Recordemos
que el rico tiene camareros y no amigos",*
mientras que el pobre
    ni l'un ni l'autre.

4. ¿Poética?

¿Acaso importa que Pound fuera
internado o encarcelado
antes, durante o después de escribir
    sus *Cantos*?

¿Acaso fue ese vértigo
o vórtice la causa,
condición o efecto
de su —muy suya en él— poesía?

(Citas de Ezra Pound)

CERBERO EN VENECIA
(CANTO 11)

Al can que cuida, Perro
lo llama mi vecino el Sheriff por el día;
de noche no, de noche es Gato quien merodea,
pero no lo llama así porque entonces duerme
mi vecino y, además, a los gatos
ni se les llama ni se les acaricia de noche,
al menos yo.
Por cierto, acabo de verlo pasar:
anda acechando palomas en la Piazza,
que amanece siempre nevada de plumas, colillas,
detritos cirróticos y embriagos.
       Estoy en una mesa del Florián,
entre cafés con Byron y una amiga suya
de aire putanesco o misterioso.
Aún no ha terminado la ópera, por lo que
matamos el ocio analizando de modo fortuito
el contrasentido que constituye todo poema largo.
Y la Piazza *comme d'habitude,* no importa la hora:
el rutinario gentío *Made in China* de Mao,
un descosido Arlequín con un paraguas verde,
dos perros extraviados
y Gato.
Se diría que esta noche
la plaza revive un dislate fellinesco
o sufre esa epidemia oriental
que diezmará en el futuro al planeta.
Fora daqui, Gato!, lo espanta
no el Sheriff ni la mesera, sino el celador
lisboeta y caricortado del Florián, y para mí añade:
Nessa hora, senhor, abundam sempre
carteiristas e gatos.

Las noches del Lusófono —ladronzuelo antes,
hoy emigrante legal de la Unión Europea—
yo suelo saludarlo con discreción: *Como vai,*

meu estimado amigo?
Sabe que me reúno aquí
con otrora proscritos como él, con desplazados
por la droga y el fanatismo de moda,
con desertores de ejércitos imperiales
que huyeron a Suiza o Canadá
tras quemar sus banderas, renunciar a las armas
y cuestionar, cuestionar, sin esperar respuesta,
mas de igual forma cuestionar,
salvar la vida y *"aver juntamento*
con fembra placentera",
y que acabaron pariendo hijos vergonzantes
del tipo Y Ud., padre, dónde estuvo
el V-Day de 1945, dónde cuando Katyn
y los tanques soviéticos en Praga, dónde
cuando la Crisis de Octubre y Boyacá, dígame Ud.
Y ellos: No recuerdo, mejor pregúntame
cómo conocí a tu mamá, y dale gracias a Dios
porque, si no, no estarías tú ahí haciéndome
tales preguntas...
                Yo, en realidad, todo ese injusto
tiempo me lo he pasado en el Florián
con mis Aliados sin eje, las palomas y Gato,
que tiene el don de espantarme a Cerbero.

A Perro prefiero tenerlo de mascota en el barrio
aunque él sólo me reconoce y saluda
cuando le lanzo un par de huesos.
Aprovecho y le llamo Perro, como mi vecino,
que es rubio, muy alto
—en nada mi tipo— y bien plantado: lo vi
una vez en su jardín (podando),
vi sus tijeras (trac trac), vi sus fornidos
brazos, vi el reflejo
sudoroso del sol en sus ojos
dorados. Por encima
de la barda lo vi (*sans-chemise*
en reverso de espantapájaros),
mientras caía (plom plom)

lo que con tanto afán recortaba.
Ah, mi fronterizo Sheriff,
que a veces llama Gato a cualquier perro
o Perro a cualquier gato —no sé: imposible
adivinar cómo le dice un oficial del Estado
a sus sujetos (*greasy, wetback,*
mojado, *lowlife, motherfucker, spick*),
ni qué rayos anda tan diligente cortando
con esas parcas tijeras de Walmart o Walgreens,
o qué muerte le llegará un día
en esta ciudad de violencia y frontera.
Sé, en cambio, que no ha pensado
en llamarle a nadie Cerbero:
flamígero y rebosante, mi vecino
takes life, citizenship, handsomeness
and maleness for granted.

Si estuviera Gato en su jardín,
yo desde mi casa lo vería
y le llamaría Gato
o Misifú
o incluso Miou-Miou,
como le dicen en los festivales de Cannes;
y él se subiría a mi barda o a mi mesa del Florián
con Byron y su amiga de turno,
o hasta esperaría a los viernes,
que suelo reunirme con Pound,
quien odia a las especies menores (palomas,
turistas, embriagos) y el *peanut butter jelly,*
y se me aparece a veces
con el dizque refinado de Cocteau.
Felina bestia el parisino,
despojarme quiere de mi aceituno Lusíado,
así que se la pasa lanzándole
un sinfín de chocheces:
Transforma-se o amador no cara amado,
Amado no amante transformado…
Y para colmo acentúa con su hocico
las gratuitas mudanzas y cacofonías.

>   (Cuando me veo
> tan grotescamente desplazado
> en el acecho, prefiero recular un poco
> y rememorar los ladridos
> del patio de mi Sheriff: ¿será Perro
> —oh, engaño a mis sentidos—
> o grabación ambiental, alarma
> contra ilegales y ladrones?
> Siempre los mismos sonidos e intervalos:
> jau jau jau *STOP* jau jau *STOP* jau *STOP*
> ¿Y si fuera Cerbero…?
>   Pero nomás verlo y ya sería
> demasiado tarde para saber qué hacer, cómo
> ahuyentarlo o distraerlo en aras de ganar tiempo
> y no tener que hacerme el sueco jugando
>   al ajedrez siete veces
> o conectándome en silencio a los tubos.)

Náufrago de la fragata verbal del inglés,
perdí de vista a mi atabacado guardián
—terminó su turno y se fue—,
por lo que me limito a seguirle la corriente
al Diablillo Cojuelo, quien ahora nos cuenta
su *writer's block* ante la escritura del *Manfred*
(¿o dijo *Hamlet*?, no sé: su italiano,
rico en lo sentimental, *fails in other affairs*),
un esbozo que amenaza con convertirse
—confiesa— en un poema largo.
Y no por ser la hora de cerrar reaparece
molesta la Garzona
(¿Grisetta o Griseta?, no entendí: habla
una extraña jerga del Piamonte
—aquí nadie es de aquí— y sin cesar
gemina o germina, como en el *Arroz Amargo*
de la Mangano). La antaño zagaleja
o fregona
nos está presionando para que pidamos algo más
que los cafés que nos bebimos hace varias horas.
Buena calculista, sospecha que Violetta

está pronta a morir en brazos de su Alfredo,
así que en pocos minutos estarán llegando
propinas mejor sopranos que las nuestras.
Que basta de cháchara
y desocupemos la mesa es lo que ella quiere,
mas, ¿quién le pone el cascabel al Poeta?

Únicamente Cerbero.

(2016. Cita del Arcipreste de Hita)

TÍTULOS PUBLICADOS POR LA MIRADA

EDICIONES LA MIRADA
Libros a la venta en Amazon.com y/o CreateSpace.com

Katábasis: siete viajeros cubanos sobre el camino, eds. Jesús J. Barquet e Isel Rivero. 2014. ISBN: 978-0-9911325-0-8. Nacidos en décadas diferentes del siglo XX y residentes en diferentes países, Nivaria Tejera, Orlando Rossardi, Damaris Calderón, Joaquín Badajoz, Yoandy Cabrera, Rivero y Barquet interpretan en poemas largos la experiencia de la diáspora y de la evolución histórica de Cuba después de 1959. Imagen de cubierta e ilustraciones interiores: Justo Luis.

JJ/CC, de Jesús J. Barquet y Carlota Caulfield. 2014. ISBN: 978-0-9911325-1-5. A manera de tríptico, este poemario incluye las colecciones breves "Refugios cotidianos", de Barquet; "Flashes (après Reverdy)", de Caulfield; y en coautoría, "Moradas". Las tres colecciones establecen un sugerente diálogo entre sí y ofrecen una poética de la contemplación que celebra la experiencia de la cotidianidad.

Todo parecía (poesía cubana contemporánea de temas gays y lésbicos), eds. Jesús J. Barquet y Virgilio López Lemus. 2015. ISBN: 978-0-9911325-2-2. Primera antología de poesía cubana y cubanoamericana sobre temas relacionados con la condición LGBT. Entre los 42 autores incluidos están Abilio Estévez, Achy Obejas, Alberto Acosta-Pérez, Alina Galliano, Amauri Gutiérrez Coto, Antón Arrufat, Damaris Calderón, Isel Rivero, Lina de Feria, Magali Alabau, Maya Islas, Nelson Simón, Norge Espinosa, Reinaldo García Ramos y Richard Blanco. Incluye poemas en inglés traducidos al español por Barquet y Benito del Pliego. Imagen de cubierta: Jorge L. Porrata.

Imposeída (46 poemas), de Mercedes de Acosta. Eds. Jesús J. Barquet y Carlota Caulfield. Traducción de Barquet, Caulfield y Joaquín Badajoz. 2016. ISBN: 978-0-9911325-4-6. Primera compilación y traducción al español de textos de los poemarios publicados entre 1919 y 1922 por esta autora estadounidense de padre cubano y madre española. Entre temas íntimos y sociales, Acosta plasmó la experiencia urbana y homoafectiva de una época turbulenta y transgresora. Imagen de cubierta: José Rosabal.

Orbes 1959-2016: Tierra-agua-fuego, Orbe Terrestre, La Afrodita de Cnido, Razón de Eros, Naturaleza en el espejo, de Mercedes Cortázar. Ed. Jesús J. Barquet. Prólogo de Alberto Abreu Arcia. Comentarios de Julio Cortázar, Gastón Baquero y Servando Sacaluga. 2017. ISBN: 978-0-9911325-5-3. Amplia compilación de la poesía inédita o dispersa en publicaciones periódicas entre 1959 y 2016, de la poeta cubana Mercedes Cortázar, quien reside en los Estados Unidos desde 1961. Ilustraciones interiores: Andrée Conrad.

glotOnerías y olfAteos (de florEs en cUbículos), de om ulloa. Prólogo de Yoandy Cabrera. 2017. ISBN: 978-1544264943. Libro complejo y múltiple donde disfrutar del sugestivo y renovador entramado lingüístico y temático que define el peculiar estilo de una autora clave dentro de la poesía hispanounidense y cubana contemporánea. Imagen de cubierta: om ulloa.

Espacio circular: quince nuevos poemas y veintidós respuestas a Gerardo Fernández Fe, de Reinaldo García Ramos. Prólogo de Fernández Fe. 2017. ISBN: 978-1973981411. Incluye un Apéndice con poemas de García Ramos que se mencionan en la entrevista y proceden de sus libros anteriores. Unos y otros poemas enmarcan una conversación que se vuelve exploración de la memoria personal y colectiva. Imagen de cubierta e ilustración interior: Sergio Chávez Bonora.

EDICIONES LA MIRADA
Editor Jefe: Jesús J. Barquet
jbarquet@gmail.com
Editora Asociada: Carlota Caulfield
amach3@hotmail.com
Editor Asociado de Reseñas: Yoandy Cabrera
yoandyc@gmail.com

AGUJA DE DIVERSOS, de Jesús J. Barquet,
concluyó su proceso editorial
el 20 de mayo de 2018
en la ciudad de Las Cruces, Nuevo México,
Estados Unidos de América.